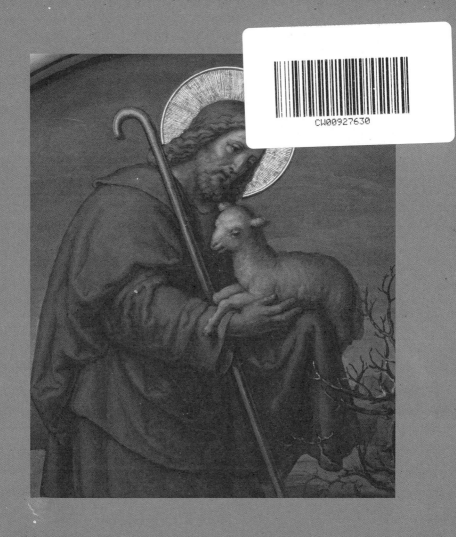

定睛基督 牧养群羊

——托伦斯三兄弟教牧经验之谈

著 托马斯·托伦斯　雅各·托伦斯　大卫·托伦斯

译 宋继合　徐西面

出版社：汉赛尔出版社（The Handsel Press）

定睛基督，牧养群羊——托伦斯三兄弟教牧经验之谈

作者/ 托马斯·托伦斯，雅各·托伦斯，大卫·托伦斯

编辑/ 格里特·多森，约克·斯坦

译者/ 宋继合，徐西面

封面及内页设计/ 祝慧玲

出版者/ 汉赛尔出版社

地址/ 苏格兰爱丁堡

网址/ http://www.handselpress.co.uk

印刷/ West Port Print & Design

中文初版/ 2016

A Passion for Christ: The Vision that Ignites Ministry

Author/ Thomas F. Torrance, James B. Torrance, David W. Torrance

Editor/ Gerrit Dawson, Jock Stein

Translator/ Ji–he Song, Xi–mian Xu

Graphic Design/ Hui–ling Zhu

Publisher/ The Handsel Press

Address/ 35 Dunbar Road, Haddington, EH41 3PJ, Scotland

Website/ http://www.handselpress.co.uk

Printing/ West Port Print & Design

First Edition/ 2016

ISBN: 978–1–871828–91–7

目录

作者序

　　我和两个哥哥、三个姐姐都出生在四川省成都市，并在那里度过了一段难忘的岁月。因此，我们一家始终对中国和中国人民怀有最深厚的感情，十分关心在中国发生的一切。假如我哥哥们和父母还健在，看到本书与中文读者见面，他们和我三个姐姐会感到多么地欣慰啊！

　　基督教信仰的核心就是：神在祂的爱中取了人的肉身，在耶稣基督里成为人，凡事与我们一样。耶稣代表我们，藉着死承担了所有的罪、软弱和脆弱。祂替我们活出了完美公义的人生。祂从坟墓中复活，战胜了罪和死亡的权势；祂升天并掌权，天上、地下所有的权柄都赐给了祂。如今，我们通过圣灵、藉着恩典领受了祂替我们活出来的公义生命，通过祂的复活与祂一同被提到永生之中。

　　需要再三强调的是：我们并不是简单地通过祂在十字架上受死而得拯救，乃是通过基督在道成肉身中与我们联合，并且在祂的生命、死亡、复活、升天和为我们所做的一切中与祂联合而得救。我们自始至终都是靠着不配得的神恩而得救。如今，神呼召我们以感恩之心去承认并接受神在基督里所做的一切。从今以后，我们怀着感恩和喜乐之心服侍祂并为祂而活。

本书有助于中文读者了解神为世人所做的一切，尤其是祂成就的救恩。从此，我们就可以满心欢喜、为着扩展祂国度来忠心地服侍祂。

感谢宋继合和徐西面二位将本书译成中文。

大卫·托伦斯（David W Torrance）
2016 年 6 月于苏格兰

---

* 译者注：中文神学著作对 Torrance 有多种翻译。在大陆出版的《上帝与理性》将其译为"陶伦斯"，而《神学的科学》则采用"托伦斯"；香港神学界则习惯译为"杜伦斯"。本书一致采用"托伦斯"的译法。此外，感谢李浩和陈真顺两位弟兄为本书所做的中文修改工作。

曹 序

　　托伦斯三兄弟是二十世纪下半叶苏格兰最伟大的神学思想家中的佼佼者。他们都出生于二十世纪上半叶的中国大陆。[1]托马斯（1913-2007）、雅各（1923-2003）、大卫（生于 1924）以及他们三位姐妹都出生于当时在中国成都服侍的苏格兰宣教士家庭。这两位宣教士夫妇分别是陶然士（1871-1959）和安妮·伊丽莎白·夏普（Annie Elizabeth Sharpe）。随着他们出生在中国，他们的神学也起源于中国，由他们两位爱圣经和爱神的宣教士父母培育而成。

　　随着反西方情绪的高涨和与外国人之间的关系日益紧张，托伦斯一家于 1927 年回到苏格兰。在新学院（爱丁堡大学的神学院）接受教牧装备之先，托伦斯三兄弟每人都在爱丁堡大学攻读了第一个学位。他们都是学习哲学或哲学与古典文学。三人最初都在教区牧会，而后托马斯和雅各在欧洲基督教衰弱的年代选择了神学学术研究。尽管他们对基督的热情始于当时在中国的宣教士家庭，但是

---

[1] 更多关于他们的生平，详见本书后记。

这种热情在后来接触教会、神学院和快速世俗化的西方世界的过程中变得更加高涨。

自十七世纪沿着丝绸之路来华的宣教士建立教会以来，耶稣基督在中国就已被人所知。在之后的几个世纪，罗马天主教和新教的宣教士不断地将耶稣基督重新介绍给中国。然而，每个年代的处境都为中国人会遇基督带来了独特的挑战和机遇。[2]例如，林荣洪所观察到的，二十世纪早期的许多中国基督徒思想家发展了一种有力的以基督为中心的护教论。[3]他们试图在国家危难之际为中国建构一个科学民主的宗教。然而，这些神学学者在构思上倾向于借用他们那个年代的宗教和哲学资源。他们在解读基督的位格时以儒家思想（赵紫宸）、佛家思想（张纯一）、墨家思想（吴雷川）、甚至是共产主义（吴耀宗）为参照物。因此，他们倾向于拒绝圣经的权威和基督教传统所持守的神学思想，常常借用西方自由派基督教的方法。

但是，那个时代更为保守的牧者和宣教士对圣经持守更为严谨的理解，强调基督的救赎之工。这往往是他们盲目地使用上一代宣教士的语言和思想所致。例如，王明道使用了美国基要主义者和现代主义者之争的词汇去回应日本在华的宗教政策和后来新近的三自爱国运动；同样，倪柝声引用了英国开西的灵命思想（British Keswick spirituality）和弟兄会的时代论神学来组织小群教会（Little

---

[2] 参看 Roman Malek, ed., *The Chinese Face of Jesus Christ, Vols. 1-4a* (Sankt Augustin: Monumenta Serica, 2002 – 2015).

[3] 林荣洪，《风潮中奋起的中国教会》（香港：天道书楼公司，1985），特别是第二章。

Flock）；而魏恩波则在真耶稣教会内混合了五旬节派和基督复临安息日派的教导与实践。尽管他们如先前提到的神学学者一样使用了西方传统，但是他们十分强调脱离外国基督徒而自治的意识。藉着开创自己的独立教会和教会运动，他们在许多方面都反映了五四运动期间的反西方思潮。

这些极端的例子有助于我们对神学著作的理解。每一个处境和年代中的基督徒必须要将关于这位完全的神的超越真理与这个不完美世界的内蕴实际相结合。我们必须谨记，福音的每个方位都是神的圣言道成肉身而成的真理。或者如安德烈·沃尔斯（Andrew Walls）所说，神的圣言被转化为人类的媒介。[4] 正是通过这个媒介，我们发现了与当代社会政治环境和传统的交集。这传统既有国内的，也有国外的；而这些传统都需要被克服。

我们会在托伦斯兄弟的神学进路中发现试图平衡这些极端的努力。他们的神学深深扎根在福音派和改革宗信仰的沃土之中。但是，他们也毫无畏惧地去仔细重新审视他们所继承的。因此，我们时常会看到托伦斯兄弟挑战普遍被接受的改革宗神学观点的例子。例如，雅各拒绝接受有限赎罪论，他认为这违背神在基督里对众人完全接纳的爱；[5] 再如，托马斯重新解读自然神学，这使神学与自然科学之间有了更积极的结合。[6] 在另一些方面，托伦斯兄弟越过了保守

---

[4] Andrew F. Walls, *Missionary Movement in Christian History: Studies in the Transmission of Faith* (Maryknoll, NY: Orbis Books, 1996), 26–42.

[5] James B. Torrance, 'The Incarnation and "Limited Atonement"', *The Evangelical Quarterly 55, no. 2* (April 1983): 83-94.

[6] 参 Alister E. McGrath, *T. F. Torrance: An Intellectual Biography* (London: T & T Clark, 2006), 175–194.

主义的壁垒。例如，大卫对容易引起教会分裂的教牧问题的处理，比如对离婚和再婚问题的处理；[7] 托马斯提出了一个改革宗神学异象的 **成神论**（theosis）。[8] 的确，扎根于托伦斯兄弟思想中的是对这位已经转化成人类媒介的基督的爱。这种爱因出现在二十世纪下半叶的西方社会而显得尤为特别。

　　同样，中国社会已迅速经历到全球化和世俗化的压力。同时，这也见证了一股基督教信仰的热潮和最近几年越来越热衷于改革宗神学。然而，中国基督徒很快就重蹈前人的覆辙，盲目地接受国外的神学观点和争论，例如关于堕落前预定论和堕落后预定论的问题，超自然恩赐如今是否已终止的问题。他们并不思考这些观点在中国处境中如何带来益处，或相反，如何产生混乱和分裂。今日的中国和苏格兰并非几个世纪前的日内瓦（Geneva）和多特（Dort）。

　　中国基督徒可以从这三位伟大的苏格兰基督徒身上学到很多东西。他们的生命和信仰都萌芽于中国。本书让我们目睹了一个爱圣经并爱神的家庭。中国基督徒在追随基督时，既需要对他人如何会遇基督持开放的心态，也要具有因着对基督强烈的爱而有的坚定不移的信念。

Dr Alexander Chow 曹荣锦博士

爱丁堡大学新学院助理教授（神学和世界基督宗教研究）

2016 年 8 月序于爱丁堡

---

[7] 参看本书第六章。

[8] 参 Myk Habets, *Theosis in the Theology of Thomas Torrance* (Surrey: Ashgate, 2009).

引言 福音的光芒
格里特·多森（Gerrit Dawson）

自几年前再次研读托伦斯三兄弟的著作以来，我的心就开始热血沸腾。我边阅读边觉得自己手中好像握着宝贵的金子。同时，我心灵深处的饥渴也被唤醒并得到饱足。从那时起，他们的作品不断引导我，让我目睹以前难以想象的、更加崇高的和美妙无比的神。通过他们的文字，耶稣基督的荣耀和博爱如万丈光芒照耀着我。我心里的神学之火再次被点燃。教义突然变得如此重要。它成为一条路径，不是通向深奥的冥想而是通向宇宙的中心。

所以，我迫不及待地向诸位力荐这部论文集。我坚信本书会再次唤起你对耶稣基督的热忱，因为它阐述的真理能让你的信仰变得活泼旺盛。阅读这些章节会让人感觉似乎是第一次观测自己熟知的事物。福音发出一种鲜活而耀眼的光芒。这就是我最初的感受。本书所阐述的恩典的教义扣人心弦，让人欲罢不能。我们会彻夜深思，就像雅各与天使整个夜晚都在摔跤，到了清晨就被改变了。当看到神在耶稣基督里赐予我们何等福分时，生命之舵就开始重新定向。这对牧会和身心疲惫的工人而言不愧是一副神学强心剂，帮助他们恢复在新时代宣讲福音的信心和勇气。

当代的需要

西方教会正在摇摇欲坠。世俗文化的浪潮早已冲破了基督教国家的堡垒。我们的话语不再像从前那样有权威，也不再口舌一致。我们的轻声细语早被咆哮的媒体海洋所淹没。曾几何时，西方民族和基督徒经历了难以想象的繁荣！但极丰富的遗产反成了一种威胁。我们拥有足以使教会轰轰烈烈的资源：图书、建筑、教育和发达的通讯。但是，像文化领域一样，我们被消费主义时代的洪流席卷而去，似乎无法站稳脚跟。

当然，如果我们依靠磐石，教会就能逆流而上，向那些随波逐流之人传讲真理、显明基督的爱。但是，迄今为止，我们的事奉常常建在流沙上，往往被当下的问题所动摇。

"你们说我是谁？"耶稣这个提问是每个时代的教会最需关注的。彼得的回答是：祢是基督、永生神的儿子。勿庸讳言，彼得的宣告掷地有声，是每个时代都需要再次宣告的。我们却没有紧紧抓住"磐石"这样一个看似简单的道理，反而一味醉心于由攻击当代主流教会的文化所产生的两个问题。第一个问题是：福音书和信经中的基督是否是历史上的耶稣？第二个是神包容性的爱和基督教真理独有性（排他性）的宣告产生的问题。若想重获新时代的异象和对它的话语权，我们必须要找到大胆而令人信服的答案。

真实的耶稣

第一个问题有关我们是否确信福音书所描述的耶稣——"基督、永生神的儿子"——就是两千年前生活在巴勒斯坦的耶稣。我们的信经和信条所信奉的耶稣真是拿撒勒人耶稣吗？换言之，我们可以找到几个世纪以来隐藏在教会议程里的"真实的基督"吗？当代教会越来越被那些试图将"真实的"耶稣与福音书割裂之人所影响。

其实，比极端的"耶稣研讨会"（Jesus Seminar）更严重的问题已经形成并一直在持续。长久以来，我们主流神学院和大学一直在培养传道人和牧师，他们对自己所宣讲的《圣经》并不确信。历史评鉴法（historical-critical method）解构了圣经文本，却并没有将这些文本和我们的学生进行修复。这些新牧者们带着对耶稣言行的不确信和对新约书信的疑惑离开了神学院。这些书信乃是对福音书的耶稣之神学意义所做的反思。他们一致被流行的重新诠释所充斥，却极其渴望对我们的神学传统有深入的了解。

这种无知为古代异端在教会的死灰复燃打开了大门。许多当代牧者和基督徒的事工以嗣子基督论（Adoptionist Christology）为基础。也就是说，我们读到听到的是，由于耶稣与神的关系如此之深、生活如此之真实，所以祂被称为神的儿子。其实祂不是道成肉身的神。相反，耶稣这个人发现了"内在的神性"并与它有深入的关系。如今祂成为一个凭自身成为我们之所是的榜样和指引。

我们把基督论与寻找福音书背后的基督如此相连的结果是产生一位耶稣和一位最终不可知的神。因而，我们又回到了古老的诺斯底主义，其中只有少数精英有足够的知识理解经文、解读暗示的信息、告诉我们耶稣究竟是谁。当然，这类研究往往呈现出一位与研究者的个人兴趣和意识形态惊人相似的耶稣。因此，由于太多的不安，我们一致宣讲耶稣仅仅是人而已。

这样的耶稣观可以让我们在自己的文化中徜徉。我们可以与这时代的精神挂钩，并安全地与神在基督里对我们的要求脱节。但是，这样做会颠覆教会，并使绝望之人与你我一起沉沦。我们必须重新发掘能激励我们宣讲耶稣到底是谁的神学。

独特性的丑闻

第二个问题相类似。到底如何调和基督教独有性的宣告和我们对神包容性的爱的信仰？这种担忧在宗教多元主义已成为现实的文化中显得尤为紧迫。人们的思考、相信和崇拜方式互不相同。然而，我们的文化却敦促我们不要为了真理的缘故对不同的信仰进行比较。相反，我们要肯定每种信仰都有效。社会强烈呼吁我们歌颂多元性而牺牲对有关真理的任何主张。宗教事务属于私下的、非公开探讨或议论之事。当然，这就确保在西方真正占主导地位的世界观——消费者物欲至上——被掩盖并继续主导我们的大部分决策。

相比之下，基督教的独特性成为一种罪过。通过道成肉身、神藉着一个历史人物独特地启示自己的想法本身就成了丑闻。人们马上会先问一个问题：其它观点呢？接下来提到的就是我们的亲人、朋友、宗教和不同于我们的思想观念。我们很难认为，如果一方是正确的，那么另一方就是错的——这是极容易犯错的。神爱每个人，耶稣基督为众人死了，那我们怎么能对别人评头论足呢？

为了避免得罪人，许多西方基督徒打起文化的口号，声称自己是"有信仰的人"；信谁并不重要，于是那种独特性令人厌烦。相反，我们这个时代看重的只是去相信一个东西，也许信你自己，或者甚至是相信"信仰"。这种温和的做法在当下固然不会冒犯任何人，但最终会使人沦丧在自我的漩涡中。在当今时代，教会必须学会如何大胆宣讲"祢是基督，是永生神的儿子"。

当然，我们必须以反映神的爱的方式去讲论。一方面，我们不希望以威胁的方式点明基督的独一性；另一方面，避免盛气凌人和温柔的意愿导致我们不知该如何对日益膨胀的行为和思潮说"不"，也就是呼吁教会进行"全盘"接纳的行为和想法。继续深陷"独有/包容"的困境会继续耗尽我们的精力和信心。教会将建造在被文化洪流冲走的沙土之上。

最近，我的一个同工感叹说："我发现自己的大部分服事是帮助人在面对他们选择的生活方式所带来的挑战时感到舒适。我并没有呼召他们进入一种被基督改变的新生命之中"。像许多牧师一样，他厌倦了靠自己的能力用被淡化和迁就的福音来事奉。然而，一旦人们重新相信《圣经》对"耶稣是谁"这一宣告的明晰性，生命就会复兴、服事也会重新得力。

这是因为福音仍旧是同一个福音，是神拯救每一位信祂之人的大能。教会尚未扎根在磐石之上就开始对抗文化的潮流。我们尚未找到拯救迷路的神儿女的方略。但是，达到这个目标则需要一种勇敢的神学。

这就是托伦斯三兄弟留给教会的宝贵财富。他们传讲一个大胆而重要的信息，这信息首先源于圣经本身，同时汲取了伟大的教父、信条、改教家以及之后那些福音派神学家的思想。像许多伟大的神学家一样，托伦斯兄弟不仅对他们那一代人说话，也对将来的时代说话。尽管有两位已经作古，大卫·托伦斯（David Torrance）也年逾九十，但是他们的思想并非只是拥有一般的生命力，即便在当今依然是灵动有力、生机勃勃。在开卷之前，我们不妨先简单思考一番阅读整本著作时可能预见的两个鲜明特点。这些作品恰恰回应了西方教会目前正面临的两个关键问题。

耶稣与圣父的合一

需要有大胆的信心才能说："除了在耶稣里降临与我们相遇的神，再也没有神"。耶稣和圣父不可分裂的合一贯穿托伦斯的整体神学。他们再三声明：耶稣所启示的完全是神之所是，既是在祂自己里之所是，也是我们之所是。耶稣不仅是人。祂过去是、现在仍是在我们中间的真实的神。

托马斯·托伦斯（Thomas Torrance）写道："我们见到了耶稣基督就是看见了神自己。我们深知，除祂以外，我们尚没有也不可能在其它地方或以其它任何方式看见神，因为祂就是神亲自来到我们中间。"耶稣是神至高无上的启示这一宣告理所当然意味着宣判了所有有关神的其它认识是低劣的。因为相比之下，那些其它认识不过是隔着玻璃模糊看见一些东西而已。这就审判了在圣经对基督的见证以外有关神的任何观念。当这种事实令人振奋之时，它归根结底也是最好的信息。因为这意味着，在耶稣里"我们人类可以真正欢喜地在神的本性中认识祂"。

托伦斯三兄弟对我们如是说："因此神在基督里不但拒绝独处或撇弃我们，反而坚持深入我们罪恶、暴力和无法平息的痛苦之中，为要亲自承担这一切并拯救我们。"耶稣是神独有和独特的启示。这乃是远远超越想象的喜讯！神就是耶稣，所以我们有望被拯救。

神就是耶稣，因此处于失丧中的我们不会被置之不理。神和耶稣原为一。所以，耶稣是"全能神的心，是在我们失丧的人性深处跳动着无限的爱，为要击溃和排除使我们与神隔离的一切事物"。

托伦斯兄弟着重回答了教会面临的"谁是真实的耶稣"这个问题。真实的耶稣是道成肉身的神，祂是"由圣经介绍给我们的"。新约圣经以这个方式见证的启示把我们带入一个远超我们所能创造的思想领域和认知。基督不是从文本背后而是通过文本来到我们面前。对这三兄弟而言，不可能把历史上的耶稣和神学中的基督相割裂。我们必须对圣经进行整全的诠释。圣灵通过新约的文字向我们启示了耶稣。因此，我们从本书所有文章中都可以看到他们对圣经的挚爱和尊崇。例如，大卫·托伦斯的《有份于基督的事工》就充满了对耶稣美好的、合乎圣经的描述。

我们的文化质问教会"耶稣是谁"。托伦斯兄弟的回答非常响亮：祂就是圣经中的基督耶稣，神与我们同在。在祂里面我们看见了父，并且我们从耶稣为我们舍己的事实中发现"神爱我们比爱自己更甚"。

基督代替的人性（Vicarious Humanity）

父子合一性的另一面是圣子与我们人性的合一。耶稣曾经是、现在也是完全的人，是我们骨中的骨、肉中的肉。耶稣与人类彼此联结且住在我们当中。通过披戴完全的人性，祂已经用祂的爱接纳了我们每个人。这就是基督的代替的人性这一教义。祂自身是一个独特的人，祂代表我们每个人。因此，当我与基督联合时，我就有份与祂的人性、无罪的顺服、超越的爱和与神完美的相交。

所以，神在基督里之启示的独特性，即教会永远不会妥协的立场，才可能将神最包容性的爱保留下来。雅各·托伦斯（James Torrance）每次说"基督包容一切的人性"时，我都能听见他的声音充满激情。基督承担了属于我们的，并把祂所有的都赐给了我们。通过这"奇异的交换"，基督站在我们的地位并把祂的地位赐给我们。祂承担了我们的罪、我们的破碎、我们的焦虑、我们与圣父的疏离和对我们定罪的判决。反过来，祂把自己的公义、完全、平安、与圣父的合一以及祂对永生的宣告之福气赐给我们。我们的人性在基督的人性里得以复原。一人代表众人，祂将人类的境况带到十字架上、死了，然后有复活的新生命，一个人性得以恢复的生命。

现在，耶稣在圣父的右边继续祂的事工。祂继续将我们软弱的祈祷作为祂自己的祷告。祂继续代表我们献上我们应该却永远无法充分回应这个恩典的回应。就是现在，祂也站在那里代替我们。因为基督的人性一直存在。即使在天上荣耀的生命中，祂仍然是道成肉身的神。正如祂与父的合一一样，耶稣基督与我们人性的合一乃是"永远不会休止并持续到永恒的终极现实"。

耶稣继续存在的代替的人性这个令人震撼的概念解决了独有的启示和包容性的爱之间产生的困境。耶稣是神独特而充分的启示。这一独特的措辞为所有人提供一个凯旋响亮的福音。我们的人性在耶稣里被汇集、救赎并得到复原。

试想，若有人发现可以治愈一种可怕的衰竭性疾病的方案，这种病迄今为止只能治标不能治本。一旦有了这个奇妙的药方，它就削弱了所有其它控制病症方案的地位。事实上，工人可能失去工作、公司甚至会歇业。有了这个药方，就毋需依靠药膏治疗了。当然，那些曾靠老药方牟利的人可能会抗议，而熟悉老一套治疗方案的人可能不愿改变。但是，与新的事实相比，所有这一切都将黯然失色：病已经治好了！再想象一下，如果毫无歧视地将这妙方给全世界所有的人，这个有疗效的独有药方对人类来说就是一个普世的喜悦。

以上例证只是福音中令人欣喜之信息的影子。本身就是神的耶稣基督托住我们的人性，把它变成自己的，将超越原始状态恢复后的人性重新赐给我们。教会其余的生活则从这个惊人的出发点展开。人现在的角色是参与基督耶稣作为"神/人"与圣父相连的生命之中。当阅读以下文章时，你就会明白"耶稣是谁"这项真理如何呈现在我们的讲道、敬拜、事奉、祷告生活甚至我们与以色列民族和我们自己家庭的关系之中。

他们用诗一般的神学语言来描述道成肉身对我们的真正意义激发了对基督的极大热忱。对随波逐流和逐渐沉没的教会来说，这是一条连于磐石的救生索。这里有回答当代疑难问题的答案。满有恩典的三一神被他们紧凑清晰地呈现在我们面前。就我个人而言，他们的思想改变了我的生命，使我的事奉重新得力。我深信，当你阅读的时候，你的生活和事奉也一定会被信心的熊熊之火所点燃。

导 读

✧ 圣父之所是和所做就是耶稣之所是和所为。耶稣之所是和所为
也是父之所是和所做。事实上，在耶稣背后没有神，在耶稣的
事工之外也没有神的事工。除了在耶稣里看到和遇见的神，再
没有神。

✧ 耶稣基督是神敞露的心怀，是为救赎人类而倾倒的神之爱和生
命，是为医治、救赎罪人而伸出的神大能的手和能力。

✧ 人类的终极命运与耶稣基督仅仅连在一起、密不可分。这是因
为，祂已经渗透并摧毁了将芸芸众生与神隔绝的死亡这一障碍。

✧ 耶稣基督就是神自己道成肉身。祂拒绝独自存在或与我们分离，
却执意坚持进入到我们的罪恶、暴力和无休止的痛苦中，自己
亲自承担了这一切、拯救我们……

✧ 主耶稣爱我们。祂为了救赎我们在十字架上舍己牺牲。圣父的
无穷奉献和圣子的无穷牺牲就如此不可分割地永远结合在一起，
并向我们保证：永恒神(再次重申)爱我们比爱祂自己更甚。神
以无限的爱来爱我们。所以，生死永远无法将我们与祂分离。
这就是在主耶稣里道成肉身的爱。

第一章 爱我们的基督
托马斯·托伦斯（T. F. Torrance）

本文演奏的神学乐章足以让人心灵歌唱。托马斯·托伦斯思考的现实是我们所爱的基督与父神之间的完全合一。首先，我们需要知道希腊文 homoousios 是"同质"的意思。耶稣与父是同质的，二者相互为一。所以，"神并非在基督里是一位而在自身是另一位"。这对我们而言绝对意义深远。其中之一就是：神爱我们比祂爱自己更甚这样一则惊人的喜讯！

福音书最突出的特点是呈现耶稣与祂的父之间的合一。耶稣的自我意识和对神全神贯注的意识密不可分地连在一起。耶稣以下这一至高无上的宣告尤为明显地体现了这种合一："父啊，天地的主，我感谢祢，因为祢将这些事，向聪明通达人，就藏起来，向婴孩，就显出来。父啊，是的，因为祢的美意本是如此。一切所有的，都是我父交付我的。除了父，没有人知道子。除了子和子所愿意指示的，没有人知道父"（太十一25–27）。麦根多希（H. R. Mackintosh）认为，这一宣告乃是"新约最重要的基督论"。这一宣告对我们理解祂究竟是谁至关重要。

耶稣对他们讲的另一段精彩言论对我们理解祂的使命同样重要："凡劳苦担重担的人，可以到我这里来，我就使你们得安息。我心里柔和谦卑，你们当负我的轭，学我的样式，这样，你们心里就必得享安息。因为我的轭是容易的，我的担子是轻省的"（太十一28—30）。耶稣本人与祂的使命紧密相连并源于祂与神的独特关系：神和我、我和神、道成肉身的天地之主耶和华（I AM）。这就是耶稣本人：作为人子、神子降世为人，祂是真光、生命和全能神的爱。神救赎之爱的福音的实际重要性，甚至神人之间、人神之间的相互关系，完全取决于神独生子耶稣与神的本质和使命之间那种无可比拟的关系。

如果没有神人之间在位格和使命上的深刻关联，那么耶稣与永恒神的自我奉献或启示就毫无关系可言。果真如此，整个福音信息就消失殆尽，基督教信仰的内在构架就会土崩瓦解。究竟如何理解耶稣与承担神使命之间的关系？祂们之间是否仅仅存在某种"道德"关系？还是耶稣和神、道成肉身的圣子和圣父之间在生命上真正是亲密无间和合一的呢？

耶稣与神的合一

毫无疑问，这是门徒面临的根本问题。他们发现自己不得不确认耶稣和神合一这项真理，这在第四福音书主耶稣的话中体现得尤其突出："我和父原为一"（约十30）。"谁看见了我，就看见了父"（约十四9）。耶稣的门徒和使徒正是遵循这样一个至高的信念，确认了对耶稣的见证并写成福音书和书信，通过新约圣经传给了我们。门徒和使徒们意识到，如果在耶稣身上没有祂和父在生命和行动上的真正合一，祂的生活、教训和使命对他们来说就没有多大意义——祂的身份就与永恒的神的任何自我奉献和自我启示无关，并且没有实际调解神和人类之间的关系。

耶稣基督和神在本体（being）与行动（act）上同在和合一，而且是真实的道成肉身的圣子与圣父之间的同在合一。这是至高无上的真理，是早期教会伊始就持守、在敬拜和宣教等方面都仰赖的信条。因为这一信条整合了他们对使徒和福音信仰的理解，是照亮新约圣经启示主耶稣是神的光、生命和爱的灯塔。

不久之后，教会就开始认真思考道成肉身的儿子和父神之间至关重要的本体上的合一，并赋予它精准的神学表达。他们确认了主耶稣乃是出于神而为神、出于光而为光、出于真神而为真神的信仰。他们相信，虽然耶稣基督确实是童女马利亚生下来的人，在彼拉多手下被钉十字架，但祂与父神有相同的本质（nature）和本体（being）。所以，教会在《尼西亚信经》中决定性地表达了这一信仰的核心。它是基督教的最高信条。

为了表达主耶稣与父神之间本体上的同在和合一，他们用了一个准确的希腊神学词汇，即 *homoousios*（同质）。因为他们意识到，如果道成肉身的子和父神没有本体和行动上的相互同在和合一，福音就失去了拯救人类的意义。那么，耶稣的身份就与父神的任何自我奉献和自我启示毫无关系，神和人类之间就没有中保。进而，基督教的福音就没有任何实质内容。

父与子在基督生命里的合一

究竟如何认识耶稣和神之间在本体上的合一或者说这种天衣无缝的相互关系呢？这对当代理解新约圣经福音书和书信有什么意义？对人类的救赎有何意义？为了澄清这一问题，首先让我们提出一个问题：如果没有《尼西亚信经》确认耶稣基督和父神合一的关系，那会对福音的真谛造成什么影响？这个问题让人一目了然，看到我们是否关注福音的真正本质和基督信仰的核心。

当读到耶稣并在福音书有关祂医治和饶恕事工的记载中与祂相遇的时候，让我们仔细思考基督的拯救行动。使徒传统（apostolic tradition）、书信以及福音书自始至终给我们描绘的是耶稣在与圣父完整的合一中行事，而这正是祂如此重要的基础。祂的神迹奇事延续了神圣的创造大工，在赦罪中行使着神的专属特权。在祂们的医治和宽恕中祂与父是合一的。耶稣的行动乃是拯救的行动，因为它是神的行动。

其次，假如耶稣和神之间有没有本体和行动的合一性，无论是医治一个人的身体或自称赦罪的行为，耶稣都是以另一位被造之物的身份按照己愿行事，仅仅像人间医生那样的一个局外人做事，而并没有穿透人类内心深处、铲除罪疚并对人类存在的深处进行再造的任何举动。如此割裂耶稣基督与神的关系就是弃绝了以救赎为核心的福音。讲赦免充其量不过是凡人的一句话、瞬息易散的话语而已，并没有能力和持久的现实意义，完全不是一桩惊天动地的除罪、再造人性的神圣行动。诸如此类的"宽恕"不具备任何神圣的内涵，因为它没有神的话语和本体的支撑，缺少任何真正的现实性，更谈不上任何终极的有效性。

即使像教会早期异端认为的那样，说耶稣"像"神、与神的本体和本质相似也无济于事。能赋予基督的言行以救赎内涵的唯一的相似性乃是：耶稣拥有与神同样的本体和本质。这就意味着祂与神同等并有相同的本质。这正是《尼西亚信经》关于子与父神合一陈述的宗旨。只有耶稣才能真实完美地启示神，因为祂就是那位自我启示的神。这就是耶稣基督过去和现在的身份和祂的所是，即在位格与本体上与神合一的那一位。

当我们亲眼见到耶稣基督、目睹神自己的面孔时就晓得：除祂以外，我们从未见到、也不可能在其它任何地方、以其它任何方式见到神，因为祂就是神自己降世为人。除了已经到来并与我们相遇的耶稣之外并没有神。除了藉着道成肉身，神是谁和祂之所是不可能向我们启示，我们也无法得知。"从来没有人见过神。唯有父怀里的独生子将祂显露出来"（约一 18）。正如耶稣自己所说，谁见到了耶稣也就看到了父，因为祂在父里面、父也在祂里面（约十四 9-10）。所以，耶稣对门徒说"除了子以外，没有人认识父"（太十一 27）以及"若不借着我，没人能到父那里去"（约十四 6）。如果父神以不可言说的方式在子里面，子以不可言说的方式在父里面，二者都有作为子之父和父之子的分别，又有同一个神圣的本体，那么只有在道成肉身的神子耶稣里面，我们人类才可能真正满心喜乐地在祂的神性中认识神。

父与子在耶稣受难中的合一

正如基督所说，所有这一切甚至都极其适用于祂的受难，因为祂受难是为了救赎人类，因为祂的受难就是道成肉身的神自己受难。在那个最重要的时刻，如果基督仍然终极地在本体与本质上与神分离，即在十字架上仅仅为人的基督与独自在祂神性里为完全他者（wholly other）的神分离，那我们对十字架的理解会变成什么呢？

若真如此，我们就不可能相信神和人。我们也不会相信这样一位不愿做任何事来拯救有史以来最优秀的人的神。照样，我们也不能相信在面对如此完美和爱的时候却唾弃耶稣、将祂带到罗马绞刑架上受死的人性。

认为"神只在天上、十字架上的耶稣仅仅是人"的想法会令我们陷入极端黑暗和绝望之境。相反，如果挂在十字架上的是神，耶稣基督是神自己道成肉身，祂拒绝高高在上和不食人间烟火，坚持进入我们的罪恶、暴力和痛苦不堪之中，自己甘心承担这一切来拯救我们，那么整个画面就会迥然不同。那时，背负我们死亡的耶稣基督，即便承受我们对祂的背叛，祂仍是神的道和伸手拯救我们的神。在全然失丧的人性深处跳动着全能神的无限之爱，为要征服和破除一切使我们与神隔离的事物。从救恩的角度看，这就是父神和祂独生子在本体上亲密无间和合一的意义。除此之外，有关神救赎之爱的信息没有任何终极的意义，如《约翰福音》三 16 所言："神爱世人，甚至将祂的独生子赐给他们，使一切信祂的不至灭亡，反得永生。"

被钉十字架的耶稣和神在本体与行动上绝对的同在和合一对我们相信神的爱至关重要。这是保罗在《罗马书》里明确表达的真理。当时他脑海里浮现的是旧约亚伯拉罕"献"以撒的场面，表明亚伯拉罕爱神比自己更甚。因此，保罗写道："如果神是爱我们，谁可以抵挡我们呢？祂甚至不爱惜自己的儿子，为我们众人舍了，岂不也把万物和祂一同白白地赐给我们吗？"（罗马书八 31–32）耶稣正是神自己的儿子，祂唯一的独生子，从父神内心最深处的生命中与我们相遇的这一位。当父神不爱惜自己儿子而慷慨无私差祂为我们众人作赎罪祭的时候，十字架就成为一扇可以窥见神内心最深处和祂爱之特质的窗户。这告诉我们：神爱我们胜过爱祂自己。

这就是启示给我们的耶稣基督与神、道成肉身的子和父在本体和行动上的合一。这个启示就是：我们的天父爱我们甚于爱自己，并且确信无论是死是生永远都无法将我们与如此无限之爱相分离。为了救赎我们，主耶稣在十字架上舍弃自己的生命。父的无限奉献和子的无限舍己在此永不分割地融为一体，并向我们保证，永恒的神（再次重申）爱我们比爱自己更甚。神以无限的爱爱我们，因此无论生死都不能使我们与祂分离。这就是在主耶稣里成为肉身的爱（the love incarnate）。

父与子在末世的合一

我们该如何思想耶稣基督与"末世"、神的最后审判和祂国度的终极之间的关系呢？福音向我们保证：即使在这些方面，我们都不应该将耶稣和神分离。无论这个世界发生什么，都永远无法将我们与在基督里成为肉身的救赎之爱分离。基督和神在本体和行动上的永恒同在和合一向我们确保：我们信仰的主耶稣基督，祂还会在荣耀里再临审判活人死人、祂的王国没有穷尽。换言之，表明耶稣基督与神本体合一的道成肉身在救赎计划(the economy of salvation)中并非是暂时的，而是持续不断、存到永远的终极现实。

因此，即使在"末日"，神审判世界要藉着受难、埋葬、复活、升天、坐在神的右手边的耶稣基督。神将自己的终极执行权威和权柄赋予了耶稣。再说一次，一切都取决于道成肉身的圣子和父神之间本体的合一。这个合一是经受十字架上令人恐惧的张力和磨难、并经历耶稣基督的复活保持完好无损的本体基础。因此，在我们人类的最终命运里，它将耶稣基督与全能的神在本体上不可分割地联系在一起。

根据新约的见证，这是人们在耶稣身边的时候就已经意识到的。因为在面对耶稣的时候，他们便知道自己是在直接面对神和祂的最终审判。即使在耶稣对他们所说的饶恕的话语中，他们也晓得祂是以神自己审判全世界的权威和特权赦免他们。神发出的赦免之音和审判之音乃是同一个。这种统一性是耶稣做中保的救恩的核心。这就是他们发现在耶稣受难和复活中为他们实现的救赎。正如第四卷福音书所说，"父不审判什么人，乃是将审判的事全交与子"（约五 22）。无关我们的生死，神只有在自己的爱子中并通过祂对我们采取行动。神的审判单单只在并透过在主耶稣里成为肉身的圣洁和爱而进行。虽然这些是神的圣洁和爱的行动，但是它们不是别的、乃是如我们在福音书中读到的主耶稣基督的所作所为。在任何一个人的生死上，神过去没有、现在没有将来也不会以不同于在耶稣里已经完成的、现在正在做的或将要做的方式对待他。

如果没有耶稣基督和父在本体和行动上的合一，如果最终没有融合耶稣饶恕的爱和神最后的审判，福音会成为什么呢？尽管所有福音书都给我们描述了耶稣，尽管祂在十字架上自我牺牲，如果人和神在本体或本质上没有真正的桥梁，那么归根到底这对人类意味着什么呢？毫无疑问，这最终意味着，耶稣基督与祂所代表的一切与世人的终极命运毫无关系，真正有决定意义的事仅仅属于神而已，属于一位祂的爱不足以在耶稣里与我们认同、甚至通过祂并在祂里面成为我们一员的神。

耶稣和神在本体与本质上的任何分离或脱节只会扰乱福音所带来的恩典与和平的信息，将万分焦虑引入人的生命中。这生命有着与生俱来的恐惧，就是神最终根本不像我们在耶稣基督里见到的，恐怕在耶稣背后有一位高深莫测的神、我们一点都不知道的随己意而行的圣灵，我们这些怀有罪疚之良心的罪人在祂面前不能不心惊胆颤。毫无疑问，正如每一个真正灵魂牧者所深知的，这是一种极其现实的恐惧。每当基督和父之间本体的纽带在人的理解中被割裂，对基督神性信仰的严重残缺就会产生这种恐惧。在罪人扭曲的良心未能获得被神最终的本体与实在证实的宽恕与和好的话语前，这种惧怕挥之不去、无以名状的恐惧。它只能使人面向自身病态式地扭曲真理，以至于罪人在耶稣之外将神描绘成想象中的严厉而愤怒。

在耶稣背后没有神

早在新约时代，第四卷福音书里的耶稣所关注的恰恰就是反击人们对神认识的扭曲。这种扭曲源于对耶稣的破碎认识和将对祂的信和对父神的信割裂。祂坚称祂和父原为一（约十30）；祂的父一直做事到如今，祂在连续的神圣活动中继续做事。谁看见了耶稣就已经看到了父。所以，没有任何焦虑或恐惧的理由。父之所是和所做就是耶稣之所是和所做，耶稣之所是和所做也是父之所是和所做。其实，在耶稣的身后没有神，除了耶稣的作为以外，神没有作为，除了在耶稣里面见到和遇到的神之外，根本没有神。耶稣基督乃是神敞开的心扉，神为拯救人类而倾倒的爱和生命，是神为医治和拯救罪人而伸出的大能手臂和能力。万有都掌管在神的手中，但神的手和耶稣的手在生命和死亡中都是一样的。也就是说，人类的最终命运与耶稣基督连在一起。因为正是祂已经攻克和摧毁了死亡的障碍以及将众人与神隔绝的一切事物；而且必定将是祂的声音、宣告神审判的声音、就是耶稣的声音，进入坟墓、召唤死者复活并进入生命。因为耶稣本身就是复活和生命，祂最终掌控每一位信祂之人的命运和未来。

这就是早期教会的《尼西亚信经》所准确表达的圣经教义。该信经用自己的语言阐述了父子在本体和行动上不受任何限定的关系。它宣称"独一的主耶稣基督，神的独生子，在万世以前为父所生，出于神而为神，出于光而为光，出于真神而为真神，受生而非被造，与父为一体，万物都是借着子造的；将来必带着荣耀再降临，审判活人死人；祂的国度永无穷尽"。换言之，神通过耶稣基督启示自己，祂乃是自存、先存并存到永远。

因此，神并非在基督里是一回事而自己又是另一回事。祂并非在耶稣基督里显示自己的面目，却在最终不可知不可测度的背后隐藏自己的真面目。祂并没有差派耶稣基督仅仅作使者而无法以自己的本质、实体和爱来证实耶稣的话和爱的事迹。与此相反，神已经在祂爱子耶稣基督的道成肉身中完完全全、无条件地将自己交付我们，以便在为我们和我们救恩的耶稣基督里保证祂作为亘古就是并永远会是全能神的一切。耶稣和神在本体和行动上是如此彻底地合一。神不会、不能背弃耶稣基督和祂的十字架。因为这就是神自己，祂藉耶稣基督而来。那就是神的行动，就是耶稣基督的行动。

在此，我们必须谨记主耶稣升天及其救恩意义。耶稣升天坐在圣父的右边补充了道成肉身的教义——永恒的神亲自屈尊，在我们的痛苦和被造的破碎中藉着道成肉身成为我们的一员，将我们从所有罪恶中救赎出来，并在我们生命本体的内在深处再造我们；以及补充了耶稣受难和复活的教义——祂在其中完成了救赎的使命。在那里，祂作为我们骨中的骨、肉中的肉永远活着作我们的大祭司，藉着作为神羔羊的自我牺牲的完全为我们祈求。因此，祂作为和好万事（无论是有形的还是无形的）的中心，以万有之尊的身份荣登宝座。祂并非别人，正是我们的主耶稣基督、神之爱的道成肉身。万物都在祂里面并围绕着祂进入神–人关系和人–神关系之中。正如《尼西亚信经》所确认的，祂的国度没有穷尽。

圣父圣子之间的合一：圣灵

新约书卷经常提到父和子，没有明确提到像子一样与父本为一的圣灵。这并没有贬低圣灵的神性，而是符合耶稣自己的话。祂就圣灵的位格和工作教导门徒，告诉他们父会以祂的名差派圣灵引导他们进入一切真理。祂不会传讲自己，但会将基督的事告诉他们，加深他们的理解（约十六13–16）。也就是说，在某种程度上，圣灵在基督后面将自己抹去或隐藏。祂非但不将注意力引向自己；相反，祂将注意力导向基督、并荣耀耶稣。

作为真理之灵、父以子的名所差遣的圣灵，祂的使命是在审判和怜悯中光照、鉴察和坚固教会，通过促进基督的中心性并加强教会对祂的教导和作为道成肉身的父之子、主和人类救主的身份的认识。圣灵的神性并不次于父和子，而是神圣的同在。我们与祂相交并藉此认识主耶稣基督的恩典和圣父的爱。恰恰是在祂里面并通过祂，神的爱被浇灌在众人心里，确认他们的信心。而且藉着圣灵，主耶稣的教会被赋予从上头来的能力从而开展福音事工。

正如早期教会早就意识到的，教会赖以宣告福音和理解基督信仰的关键真理乃是道成肉身的子和父神在本体和行动上的合一。正是对那种合一的理解和体验被圣灵内住的光照所加强和深化。但是，假如真的像某些异端所声称的那样，割裂了基督和父之间的那种关系，或被认为纯粹是一种外在或道德上的关系，或者（两者是一回事）如其他异端所认为的，基督的神性和人性仅仅是两个位格的道德联合，那么基督教信仰的基督论和三位一体的架构就被置于一种内在矛盾和混乱之中。

正是由于异端威胁了福音的本质和完整，即道成肉身的神子耶稣基督是主作为福音的中心，随即产生了前几个世纪激烈的神学论战，首先是关于基督的神性，之后是关于圣灵的神性。公元四、五和六世纪的神学伟人清楚地看到：只要内嵌于福音中的二元论继续侵蚀基督徒对耶稣和神彼此不可分割的合一并紧随的圣灵和神之间的合一的理解，基督的福音就不可能在古代文化中永久扎根。因此，在那几百年里，他们遇到了希罗文化的二元论与犹太基督教看待被造宇宙的非二元论世界观，并试图改造古代哲学、科学以及宗教的根基。正因为尼西亚神学一同经历了那种改造，基督教会才藉着福音性和神学性的理解和生活方式在地中海周边得以稳固，并扎根于主耶稣基督是真神中的真神这一核心上。

最后，正是耶稣基督与父神在本体上的合一以及圣灵和父子在本体上的合一引导我们表达这样一个真理：神在耶稣基督里的爱和自我启示的降卑中以圣父、圣子和圣灵面向我们，祂先存并永远地在祂自己永恒本体的相交中。也就是说，神通过主耶稣基督的恩典对我们的自我启示和道成肉身式的自我传达、神的爱和圣灵的相交的特定方式不但是祂在时空中向我们启示自我的暂时形式，而且是永恒内置在祂作为拥有三个位格的一位神之中。

挑旺灵火

1. 我们从耶稣生命中哪些事迹看到圣父和圣子的合一？

2. 接受"耶稣之所是和所做就是圣父之所是和所做"这一现实后有何裨益？

3. 根据托马斯·托伦斯的观点，如果设想在耶稣基督的身后还有一位神，那将会有何后果？

4. 托伦斯凭什么宣称在耶稣里我们明白了"神爱我们比祂爱自己更甚"？你如何回应这种说法？

5. 圣灵在启示耶稣是谁的过程中扮演什么角色？为什么用谦卑来描述祂？

6. 在当今教会，你在什么地方看到圣子和圣父之间的合一被弃绝或忽视？教会可以采取什么措施恢复这一重要又奇妙的真理？

导 读

✧ 祂将我们在神审判之下失丧和被咒诅的身份及我们的死归给了祂自己。

✧ "神儿子的信"（the faith of the Son of God）在这里不仅被理解为我对祂的信，也是基督祂自己的信。因为它主要指基督矢志不渝的信实，就是祂代表性和代替式的信。这信接纳并坚固了我们，从而当我们信的时候，即使在我们信心的行为中，我们必须同保罗一起说"不是我，乃是基督"。

✧ 我们的救赎和确据乃是在于基督抓住我们，并非我们紧紧抓住祂。

✧ 因此，尽管我们对信心的把握微不足道，但在基督大能的权柄下我们被紧紧抓住、包裹。祂视我们如同自己，将祂自己置于我们的位置，把我们的一切完全归在祂自己身上，从而我们可以完全得享属于基督的一切。

✧ 太多有关基督的讲道将最终的责任从神羔羊的肩上挪走而放置在可怜的罪人肩上。我们内心清楚地知道自己无法应付这件事。

✧ 换句话说，如果人类受咒诅，我们就受福音的咒诅。

✧ 毫无疑问，接受无条件恩典的福音对我们而言十分困难，因为代价太高了。它从我们脚下挪走了我们赖以站立的根基和自由意志。作为人，我们如此珍爱这份自由，以致成为一种微妙的形式暴露了我们的任性（self-will）——无人能够自由逃避自己的任性。人所憎恨的无条件恩典恰恰就是这种昂贵的代价。

第二章 传讲耶稣基督
托马斯·托伦斯（Thomas F. Torrance）

在准确传扬福音时，托马斯·托伦斯提醒我们"靠恩典得救的无条件特质"。我们的焦点应该永远在耶稣基督身上，祂将自己完全、白白地赐给我们。我们千万不要无知地让人们把它放回自己身上。因为福音永远都是"不是我，乃是基督"。于是，讲道首先关注的是"基督如何抓住我们而不是我们紧紧抓住祂"。唯独在基督耶稣里才有"我们的救赎和确信"。这话是神光照我们当代的智慧。

"因为我曾定了主意，在你们中间不知道别的，只知道耶稣基督并祂钉十字架。我在你们那里，又软弱又惧怕，又甚战兢。我说的话、讲的道，不是用智慧委婉的言语，乃是用圣灵和大能的明证，叫你们的信不在乎人的智慧，只在乎神的大能。"（林前二2-5）

基督的十字架无疑位于我们信仰和福音使命的中心。正如纳西昂的格列高利（Gregory Nazianzen）所述，"被钉十架的神"是基督教福音最震撼人心的内容。诚如保罗写道，将十字架上的这个人等同于神祂自己对犹太人而言是犯罪，对希腊人而言则是愚拙。即便如此，传扬被钉十架的基督依然是福音的中心。正如麦根多希（H. R. Mackintosh）曾在一本福音册子里写的那样，十字架是"一扇窥见神心意的窗户"。他在这里将注意力拉回到保罗的话上："神既不爱惜自己的儿子，为我们众人舍了，岂不也把万物和祂一同白白的赐给我们么？"（罗八31–32）在前一章我们看见，为了显明祂爱我们超过祂爱自己，神如何通过赐下自己的独生爱子为世人赎罪而死。因此，神并非在我们恐惧的疏离（alienation）和无法平息的苦恼中远远地避开我们，而是透过十字架直入我们软弱和过犯的最深处，并将它们全都放在自己身上，审判了这些并将我们从它们的辖制下拯救出来。

要想忠于自己的呼召，教会一定要专注于基督的独特性，特别是基督作为在祂福音中被钉十架而又复活的主。透过基督作为赎罪祭彰显和成就的神救赎之爱的福音，教会的生命和信仰得以扎根于神子道成肉身的作为中。神子就是成为与真实的我们一样并与我们同在的那一位。祂将我们在审判之下失丧和被咒诅的身份及我们的死归给了祂自己。我认为，我们必须再次强调这样一个事实，即在道成肉身和十字架中，基督已经深入到我们可悲的痛苦和毁灭的深渊中。在那里，祂取代了我们，为我们代求，以祂本人替代我们，并成就了我们无法完成的赎罪之补偿，借此在圣灵中将我们与神和好，成为神的儿女。

我认为，当传讲这个消息时，专注在道成肉身和赎罪、死亡和复活中基督代替的人性（vicarious humanity）对当下的尤为重要。奇怪的是，福音派往往只将基督代替的行为与祂的死相连，而不是与祂道成肉身的位格和生命相连——这对他们而言无疑具有爆炸性！

因此，他们削弱了代替的基本特性，就是新约所称的 *katallage*，即在每个层面上基督都站在我们的位置并确实是为了我们的缘故。如果依据这种基本思路去理解，那么基督的代替意味着祂在我们的神面前取代了我们全部的人性生命和活动，甚至取代了我们对神的信靠、祷告和敬拜。因为祂已经为我们负轭到如此地步，甚至在我们与神关系的每一面都挺身而出替代我们、坚立我们。

传讲神儿子之信

长期以来，《加拉太书》二20对我而言至关重要，正像对我的信仰之父约翰·麦克劳德·坎贝尔（John McLeod Campbell）和胡·麦根多希（Hugh R. Mackintosh）一样重要："我已经与基督同钉十字架，现在活着的不再是我，乃是基督在我里面活着；并且我如今在肉身活着，是因信神的儿子而活；他是爱我，为我舍己"。"信神儿子"（the faith of the Son of God）在这里不仅解释为我对祂的信，也是基督祂自己的信。因为它主要是指基督始终不渝的信实，就是祂的代表性和代替的信，祂的信接纳并坚固了我们。所以，当我们信的时候，即使我们在相信中，也一定会与保罗一同说"不是我，乃是基督"。这并非是以某种方式贬低人这一方的信心行为，而是因为我们只有借着并透过基督代表之信，才能真实地并正确地相信。信基督涉及到基督之信和我们之信的两极关系，在此我们的信被祂始终不渝的信实所持守、涵盖和坚固。别人永远无法替任何一个人做这事，更不能将自己作为自己的罪的赎价，但这正是主耶稣在将祂自己赐给我们时所做的。他自己完全取代了我们的位置，在每个方面都将我们被审判之因归在祂自己身上，以信和爱回应天父。我们自己完全无法做到这一点的。

我相信，这种信的概念也出现在保罗的教导中，即我们因信称义，被称义的就因信得生。这样说来，究竟被称义的人是以他自己的信而生，还是以神的信而生呢？当保罗说"义人必因信得生"（罗一17）时，他事实上是引述了《哈巴谷书》（二4）。但是，死海古卷发现的《哈巴谷书》注释书将此解释为义人以"神的信"而生。附带提及一下，亚他那修、加尔文和巴特这些人也都是这样解释的。然而，如果根据先前我提及的两极模式来理解信，那么我们就可以正确处理这两种信的概念！在两极关系中，首要的一极无疑是神的信实或基督的信。因为祂是信实的那一位，祂扶持我们并将我们带入与祂自己的生命关系中。但是在那种关系的框架里，次要的一极则是信徒回应的信。后者是一种信的行动，是由神的信实引发和维系的——远非我们自己的，乃是神的礼物。我敢肯定，我们应该就是如此理解我们在信中的回应与基督的代表性的信之间的关系。将保罗的法则"不是我，乃是基督"应用在"信"上就是："我相信的不是我，乃是基督"。

和好的互换（The Reconciling Exchange）

当传讲基督的信和祂代替的人性时，我时常采用并扩展约翰·诺克斯（John Knox）的女婿约翰·威尔士（John Welsh）所举的例子。他常常指出，我们凭信紧紧抓住基督这一事实本身就是被基督大能的掌管所包裹，我们的救赎和确信完全基于基督抓住我们，并非我们紧紧抓住祂。关于这一点，我有时会想起我女儿刚学走路时的情景。我拉着她的手帮助她，我依然感受到她小手指紧扣住我的手。她并非依赖自己无力地抓住我的手，乃赖于我强有力地抓住她的手，甚至在她紧紧抓住我的时候仍然是我抓住她的手。

难道我们不就是这样理解这信的吗？我们凭这信紧紧抓住基督作我们的救主。因此，尽管我们对信心的抓住软弱无力，却在基督大能的掌管中得到坚固、包裹。祂使自己与我们一样，将祂自己放在我们的位置上，使属于我们的一切归到祂自己身上，从而我们可以完全得享那些属基督的。我们可以根据保罗的精彩陈述来思考这点："你们知道我们主耶稣基督的恩典：他本来富足，却为你们成了贫穷，叫你们因祂的贫穷，可以成为富足。"（林后8:9）这就是早期教会和加尔文所说的"有福的互换"（the blessed exchange）或"奇妙的互换"（wondrous exchange），甚至是罗马天主教的弥撒祈祷文"奇异的交易"（mirabile commercium）。事实上，这才是新约有关代替的教义（doctrine of substitution），因为这是一种赎罪与和好的交换。在这个交换中，属于我们的被基督带走，祂替我们站在我们的位置上，又通过崭新的途径修复了与我们的关系。

在此，我们必须强调与此有关的重要一点：同我们实际存在一样，基督成为我们当中的一员、成为与我们同在的那一位，并以那种方式将我们的罪归于祂自己身上，以此医治和拯救我们。请思考一下福音书记载的一件事，雅各和约翰十分自私地索求在耶稣得国的时候坐在祂左右的尊贵地位，从而激怒了其他门徒。耶稣没有责备他们，反而询问他们是否可以喝祂所喝的杯、受祂所受的洗。当他们说可以的时候，耶稣应许说，他们的确要喝祂所喝的杯、受祂所受的洗（可十35-40）。

稍后，当耶稣与祂的门徒入席吃逾越节晚餐时，祂特别将自己的身体和血与约相连。当耶稣被卖和被钉十字架时，门徒发现自己完全混杂在人群里站在十字架前。这些人群嘲弄讥讽耶稣，嘲笑被钉在十字架上耶稣的无助。耶稣此时完全是孤独一人，被他们抛弃。门徒与祂被无法逾越的羞耻、背叛和恐惧的鸿沟所隔离，因为他们都抛弃了祂，逃跑了。他们背弃了将他们与耶稣相连的爱。此时，他们想起了在晚餐楼（Upper Room）上发生的事和耶稣用自己的身体和血与他们所立的约。耶稣的目的是要他们去记念，因为祂在那个行为中背负了他们的罪，甚至是他们否认耶稣的罪，并以此为途径将他们与祂自己连结。

那时，门徒们理解了基督所承受的代替性受难的意义。受难并不是为了义人，而恰恰是为了罪人。正是他们真实的罪、背叛、羞耻和不配，在神无法言喻之爱中成为耶稣所要承担的，然后将他们永远联于被钉的弥赛亚、神的救赎和爱。这便是基督的代替、基督赎罪的奇异互换与基督和好的十架成就的方式。它使我们与祂隔离的羞耻变成不论生死都将我们永远与祂相连的工具。这便是基督十字架的无限大能。

在主餐时传讲福音

传讲我们唯独靠基督恩典得救这一真理并非易事；这恩典乃是透过耶稣代替的人性并在祂的代替中对信产生影响，继而我们能正确相信。然而，无论在哪里都要在主餐时传讲这项真理。在我成长的苏格兰传统中，所有伟大的复兴运动通常都与主餐聚会有关，十八世纪中叶朔兹教会（Shotts Kirk）的大复兴（凑巧的是我祖父母就葬在那里）就是一例。

我自己在牧会过程中也发现，在主餐礼拜时最容易传讲恩典无条件的本质、用信心领受基督代替的人性与祂代替的角色。在主餐礼拜的时候，我们两手空空地领受饼和杯。在分享基督的身体和血后会呼召信众悔改和信靠，随后共享基督的身体和宝血：我手中的一切并非我带来的，乃是单单依靠十架。

在主餐桌前，我深知不能依靠自己的信心，只能依靠主耶稣在十字架上完全代赎献祭时的代替的信心。唯独神的恩典才带来救赎和称义。正如加尔文所教导的，信心是空空的器皿。所以当你靠近主餐桌前，这并非依靠你的信心，乃是单单仰赖基督并祂的十架。这便是救主在祂的身体和血中为我们所立之约的实际、实践和真正的意义。这是福音的真正核心，即唯独借着基督的恩典才有救赎和称义。在这恩典中，基督取代了我们的位置，从而我们可以站在祂的位置上。

我相信，这一要点在现今教会的布道中也许比任何都更重要。在讲道和教导中有一种不易察觉到的伯拉纠主义，这造成信徒最终退回到依赖自己信心的举动，致使救赎的责任最终归于他们自己而非基督。在大多数有关基督的讲道中，最终的责任都从神羔羊的肩上被挪走而放到可怜的罪人肩上。我们深知自己根本无法承担如此重任。难道这不就是使人们远离教会的原因之一吗？我在此不禁想到许多人不情愿来到主餐桌前的情形。这事发生在主日主餐崇拜的原因是信徒不明白主耶稣基督的恩典是绝对白白和无条件的。祂来是召罪人悔改，而非义人。借着十字架的神迹，祂使我们的罪和失败变为祂的管道，为的是拯救我们并使我们与祂自己连结。这恰恰是祂在祂身体和血的团契中应许赐给我们的。

无条件的恩典

让我们稍作停顿来反思在赦免中白白临到我们的无条件恩典的本质和意义。一个人所赦免的是一位有罪的人，而不是无辜的人——赦免的真正本质就包含了对罪犯的审判。完全的赦免涵盖了彻底的审判；基督所赐的完全赦免就包含了对我们的完全审判。依据十字架的道理，基督在十字架上是为我们而死、为我们所有人、我们每个人组成的整体，并非只是我们当中的一部分人。因此，我们必须以我们整体生命处在十字架审判之下的逻辑来思考。正如麦根多希（Hugh R. Mackintosh）曾经常说的，这就是为什么我们在主餐中有份于基督的身体和血时，我们为自身整个生命和所有的善恶感到羞愧的原因。在基督将自己赐给我们的赎罪恩典的交换中，所有我们的所是和所说都打上了问号。

根本不存在所谓的部分代替，或部分赦免和部分审判。我们当中每个人都毫无保留地处在十字架的审判之下，因为在祂完全自我代替的行动中，基督取代了我们每个人的位置，把我们的罪归给祂自己，并为此承受了神的审判。在我们还是罪人的时候，基督耶稣为我们而死。因此我们必须承认，在众人都还是罪人的时候祂为他们而死，无论我们的回应如何。正如十字架被传给所有人，即它所包含的完全赦免和完全审判也传给了所有人，无论他们是否相信。但是，无条件的赦免包含了无条件的审判。诚如神的赦免并非基于我们达到了某些条件才赐给我们。同样，它所包含的审判，即一次就永远地在十字架上实行和展现的审判，也是无条件的。

在福音中传给我们的主耶稣基督的无条件恩典呼唤我们要悔改和相信。但是，在我们相信、悔改这样的实际行动中，我们带着信心、信靠和悔改的个体来到基督赦免的无条件审判之下。与主耶稣面对面，祂的眼目鉴察我们最深处的秘密，祂的圣灵看透我们心中的思想意念。我们所有信心和悔改的行动、祷告和敬拜在神眼中都是不洁的。如果神的赦免是以我们的回应为条件，那么我们永远不可能得救。甚至在我们回应福音的呼召中行使相信和悔改的自由意志也都不能与我们自己的任性（self-will）相区分。因为这是我们自由意志和任性中的自我，人心中微妙的伯拉纠主义，这些都要被置于基督无条件赦免的审判之下。作为罪人，我们被个人心中的罪所引诱，这反过来又加在我们自己身上，结果我们甚至都不能忏悔自己的信心或忏悔自己的悔改，只能彻底毫无保留地披戴基督耶稣无条件的赦免。的确，这是因为内在于祂赦免中的审判落在我们所有信心和悔改行动深层的自我之上，所以我们只能穿戴基督、唯独靠恩典得救。

毫无疑问，无条件恩典的福音对我们而言极难接受，因为它的代价太大了。它从我们脚下挪走了我们赖以站立的根基和自由意志。作为人，我们极其珍视这份自由意志，从而以一种任性（self-will）的微妙形式显露出来——无人可以逃避这种任性。这便是人们所憎恨的无条件恩典的昂贵之处。马丁路德曾说，当他传讲唯独因信称义时，听众对此的回应十分震惊；但是他也说，当他传讲唯独因恩典称义时，骚乱就产生了。我频频发现，这种骚乱的反应不仅出现在教会以外的人群中，甚至出现在由教会会员组成且自称福音派的人群中。他们拒绝接受无条件的恩典似乎是因为这样一个事实：这深深地刺痛了他们的灵魂。

这就是我先前提到的部分内容：在我指出传讲福音经常声称只要相信或如果相信就必得救的模式中存在一种微妙的伯拉纠主义。埋在事物表面之下的是他们没有注重新约有关基督十架大能和祂扮演代替性角色的教导，不情愿将此教导应用在他们自己的全人和在神面前的所有行动上，甚至不情愿将其应用在他们的信靠、祷告和敬拜中。我们需要不断的学习，懂得唯独因恩典得救是如此根本的教义，以至于不得不在每件事上完全依赖基督耶稣，从而只在我们唯独依赖祂的时候才真正自由地相信："不是我，乃是基督"并"基督在我里面"。因为祂道成肉身取代了我们的地位，在祂的人性中并通过祂的人性，使我们的人性得到根本转变，从而我们成为真正的人并真正自由地相信、爱和服侍祂。这就是十字架和复活的奇妙信息。

背道之人会如何？

我一直在强调靠恩典得救的无条件本质。这恩典的救赎乃是基于一个事实：基督在赎罪祭中将自己白白赐给了所有人，并没有分别，为此我们被我们的主差遣去传福音。但是，那些背离了福音、没有回应悔改与相信之呼召的人会如何呢？他们不会因此就废除了基督无条件恩典的本质，或者使所包含的神之审判的无条件本质落了空。当罪人藐视神的恩典时，神对他们的审判依然有效。依据保罗的生动描述，传福音对有些人是活的香气，对另一些人是死的香气（林后二16）。换句话说，如果人类是被咒诅的，我们就是被福音所咒诅。非常难以解释为何一个人在主耶稣里白白得享神无条件的恩典和爱之后又背离了祂，并令那些正行在救赎之路上的人感到费解。但是，一件可怕的事实是，新约不允许传福音的人忽略或忘记有关咒诅的教导。十字架的阴暗面，即神对所有罪恶的无条件审判，将在最终审判被昭示。人类将会被基督在十字架上一次就永远完成的功效所审判，就是当基督作为神的羔羊来承担并除去这世界的罪被钉十字架的时候。难道这不就是新约所说的"羔羊的愤怒"吗？耶稣说："信而受洗的，必然得救；不信的，必被定罪。"（可十六16）

在葛培理最后一次苏格兰之行的讲道中有一件令人愉快和振奋的事。当他传讲基督时，他将听众领到基督面前，带到这位唯一的主和救赎者面前。通过那种直截了当和毫不避讳的方式而不是才华横溢的讲道，圣灵向成千上万非教会成员的听众和数以万计已经领受福音三十多年的听众发出了挑战。他们在完全无助中归向基督耶稣。在祂里面，他们发现基督已经完全取代了自己，从而他们可以白白得享祂的地位。人们常常告诉我，他们正是在无条件恩典和主耶稣基督的代替的人性中，得到了自己未曾想到的医治和释放。

神的智慧和大能

在结束时，我们要注意保罗写给哥林多教会书信的两段内容（一17–18和二2–5），并借此将注意力放在神的大能和基督的十架上，放在不是基于人的智慧而是对神的大能的信心上。

我相信，现今教会在传讲基督的呼召中十分需要这项重要真理。这是在牧者、长老和执事的事奉中必须要被强调的核心真理，同样也是教会事奉人员和教会每个成员的信仰见证中所要强调的。正是这项信息才能真正触碰到教会以外的老幼人群。不幸的是，那些经常喧嚣热闹的福音布道事实上模糊了基督代替的人性，没有传讲新约福音的根本特性。这种类型的"福音布道"本身就需要被福音化！福音必须要以福音化的方式来传扬。传扬十架是神的大能并教导基于神大能而非人智慧的信心。尽管从世俗的智慧来看是愚拙的，但这会敞开教会的大门，并为教会的根本更新和她的使命指明道路。这种智慧，就是保罗所说的神的智慧，才是现今教会迫切所需要的。

在东正教的圣餐礼拜中，当神圣的福音被高举并被传讲时，站立在会众前的祭司发出的大声呼喊响彻整个教堂：智慧在这里！的确，正是在主餐礼拜中，传扬主的死和神的智慧在教会生活和事奉中是如此有效地相连。因为在主餐中我们完全依赖基督和祂的十架，而不是依赖我们自己。如此，从而我们就寻到真理的智慧，就是神的智慧！

挑旺灵火

1. 托马斯 · 托伦斯所说的基督"代替的人性"（the vicarious humanity）是什么意思？

2. 基督不仅是在十字架上为了我们的罪也是在祂代表人类的整个生命中代替了我们。这个概念有什么意义？

3. 在和好的互换中，从我们这里归给基督的是什么？从基督那里归给我们的是什么？

4. 在如此满有恩典的安排下，基督如何利用"将我们与祂隔离的可耻之事"？

5. 对我们而言，基督无条件恩典和完全赦免中的阴暗面和昂贵的代价是什么？

6. 你如何诠释"如果人类是被咒诅的，我们就是被福音所咒诅的"？

7. 请解释"不是我乃是基督，然而基督在我里面"这句话的活力如何在你自己的生命中运行。

导 读

❖ 神非因我们献上有价值的敬拜而接纳我们。在祂的爱里，神在祂爱子的位格中白白地接纳了我们。祂的爱子以我们的名义、代表我们并在我们的人性中向圣父一次献祭。这祭是为了全人类而献，唯独这祭被神接纳。

❖ 若第一种方式使人厌倦，那么第二种方式——恩典的途径——则令人欣喜若狂。因为藉着内在的平安，圣灵将我们提到赞美和崇拜的境界和在基督里的相交之中。

❖ 基督医治我们并非通过观察我们、诊断我们的疾患、为我们拟定医治的方法之后离开，任由我们借着遵行祂的吩咐得以好转——正如大多数医生会做的那样。不是的，祂成为了一个"病人"！祂取了需要被救赎的真实人性，为我们的缘故，在与我们一样的人性中被圣灵膏抹，过一个完全顺服的生活。祂死后又复活，从而我们的人性在祂里面得到医治！

❖ 基督代表神与人交涉，祂又代表人与神交涉。

❖ 我们的确被无条件地呼召过一个信心和悔改的生活。但是，我们因信福音而悔改的回应是靠着神的恩典、通过圣灵而产生的，是一个藉着与基督联合而产生的对回应的回应（a response to a Response）——我们对十架之道（the Word of the Cross）的回应。

第三章 基督代替我们
雅各·托伦斯（James B. Torrance）

雅各·托伦斯分析了基督代替的人性的教义对我们敬拜的意义。人们通常视敬拜为自己所行之事。然而，真实的敬拜是有份于基督已成就和正在做之事的事实。雅各将这两个观点做了区分。我们有份于祂与父的相交。耶稣成全了敬拜中神朝向人的行动和敬拜中我们所需的人对神的回应。因此，我们视所有的敬拜都在基督里发生。我们参与祂与父的相交，所以被高举超越了自身，进入三一神的恩典中。这并非靠我们的德行。

什么是敬拜神的正确方式？圣经对这问题的回答十分简单：通过耶稣基督。《尼西亚信经》随后阐述了这一精义。

《尼西亚信经》源于教会的敬拜，因此它关乎耶稣基督在敬拜中的地位。新约和早期教会的讲道对耶稣的历史性叙述同时是颂赞性和神学性的。正如我们在古代信经中所看到的——尊崇、赞美、祷告并认信"基督，祢是荣耀的君王，祢是圣父永远的儿子"。《尼西亚信经》是对基督的位格有力的颂赞性陈述：耶稣基督是

"出于真神而为真神，受生而非被造，与父一体……祂为要拯救我们世人，从天降临……在本丢彼拉多手下，为我们钉于十字架上"。

关于敬拜，我们首先要理解"基督代替我们"。

两种不同的敬拜观

正如我所看到的，现今教会存在两种截然不同的敬拜观。

1. 第一种观点可能是最常见最流行的：敬拜是我们所做的事情——主要是星期天在教会里所做的。我们去教会，向神唱诗，为北爱尔兰或中东代祷，听道（常常是一些简单的劝勉），向神奉献我们的金钱、时间和才干。毫无疑问，我们需要神的恩典帮助我们做这些事。我们之所以这么做，是因为耶稣教导我们去做并留给我们一个榜样向我们展示如何去做。但是，敬拜是我们所做之事。

用神学语言表达，这意味着唯一的祭司职分是我们的祭司职分，唯一的奉献是我们的奉献，唯一的代求是我们的代求。

这种敬拜观在实践中是独神论的（unitarian）。它缺乏中保的教义或唯独基督祭司职分的教义。它以人为中心，没有正确的圣灵教义，基本上是非圣礼性的（non-sacramental）。它会令人疲倦。我们坐在教会靠背长椅上观看牧者"做他或她的事"，劝勉我们"去做我们的事"；直到我们回家，想想自己又完成了一个星期的任务！这种"在牧者帮助之下自己去做"的敬拜就是我们先辈所说的"律法的"（legal）敬拜，而非"福音的（evangelical）敬拜。这也是古代教会所说的"亚流主义的"或"伯拉纠主义的"敬拜，并非真正的大公性（truly catholic）敬拜。

2. 第二种观点是：敬拜确实是借着圣灵参与道成肉身的圣子与圣父之相交的恩赐——藉着与基督联合，我们有份于祂在自己的生命和十字架上的死中一次就永远成就之工，并有份于祂在圣父面前继续不断为我们所做之事，也有份于祂向这世界的使命。我们所掰开的饼难道不是指我们得享基督的身体吗？我们所祝福的杯难道不是指我们得享基督的血吗？我们儿子的名分和与父相交难道不是指我们靠着收养我们的圣灵（the Spirit of adoption）有份于基督儿子的身份吗？难道不是指我们靠着收养我们的圣灵有份于基督儿子的身份和与圣父的相交吗？我们为北爱尔兰和中东代祷难道不是我们参与了基督为北爱尔兰和中东的代祷吗？我们向这世界宣教和牧养有需求的人们，难道不是参与基督对这世界的宣教和祂对有需求之人的牧养的恩赐吗？这不就是在圣灵中生命的意义吗？

第二种观点是三位一体性和道成肉身性的。它着重新约中关于唯独基督祭司职分和带领职分（Headship）的教导、并基督自己一次就永远献上的教导；它强调通过圣灵与基督相交之生命的教导和教会作为基督之身体的异象。这种观点本质上是圣礼性的，是我们内心和生命的敬拜。它以某种方式涵盖了恩典的福音。它是神在基督的恩赐和圣灵的恩赐中赐给我们祂所要求的。这是我们主餐神学的核心。

改教家们所关心的正是在世上恢复这种新约和早期基督徒的敬拜观。当时中古世纪的教会已倾向用祭司职分、献祭、功德和教会的代求——教会会众（马利亚和众圣徒）代替的人性（vicarious humanity）——取代基督代替的人性。这种方式混乱了恩典的福音，就是神在基督里为我们所做之事的好消息。改教家们深知保罗对称义教导的重视。称义是指我们被神接纳并非是因为我们的善工，乃是靠着神的恩典在信心中被接纳。他们也清楚知道这对我们理解敬拜的意义，即神并非因我们奉献了有价值的敬拜而接纳我们，乃是在祂的爱里、在祂爱子的位格中白白地接纳了我们。祂的爱子以我们的名义、代表我们并在我们的人性中向圣父一次献祭。唯独这祭被神接纳，这祭乃是为全人类、万国、万代而献。祂的爱子又将我们与祂自己联于一个身体，联于祂与圣父的相交中。

第二种观点是大公性（catholic）和福音性的（evangelical）。第一种观点会引起分裂，因为每个教会和宗派都在做自己的事，以自己的方式敬拜神。相比之下，第二种方式是合一性的，因为它承认只有一条通往圣父的道路，就是在圣灵的相交和圣徒的相通中通过基督，与我们采取何种外在的敬拜模式无关。若第一种方式使人厌倦，那么第二种方式——恩典的途径——则令人欣喜若狂。因为藉着内在的平安，圣灵将我们升入赞美和崇拜的世界和在基督里的相交之中。在这一观点中，基督代替的人性和与基督联合是两个最基本的教义。

3. 可能有人会说，这两种观点彼此过于被区分了。难道就没有一种大多数教会会友所持的折中立场吗？这观点可能如下所言。的确，敬拜是我们所做之事。但是，我们敬拜神、圣父、圣子和圣灵，我们以基督为神并向祂祷告，我们呼求圣灵，我们回应圣道的传讲，我们为世界代求，我们向神奉献金钱、时间和事奉，我们在圣礼中记念耶稣的死。

这种观点从"人人皆祭司"的角度看可能是正确的、是三位一体论性质的。但是，它缺少新约对透过圣灵参与基督在我们的人性中为我们已做之事和正在做之事的解释。这种观点是以人为中心的。它一种凭自身回应基督的敬拜。在这个层面上，它是第一种观点的改版，尽管体现了更多基督教的内容。它的不足之处是缺乏对基督代替的人性和圣灵在我们敬拜圣父中的角色的充分认识——没有了解基督为我们和我们的救赎而道成肉身的原因。

本章是要思考道成肉身的基督在敬拜中的角色，因为这在敬拜的处境中是首要的，正如我们在《尼西亚信经》中看到的道成肉身这一教义的重要性。在新约里，有两件事彼此结合。一方面，神在基督里以人的样式就近我们，因此我们以基督为神并向祂祷告。另一方面，耶稣以我们弟兄的样式向我们显现，成为一位软弱、受苦、被试探、挣扎的人。祂为我们并与我们一同向神祷告，在祂与圣父的相交和为世人的代求中使我们与祂联合。这就是耶稣成为我们唯一的祭司的部分意义。当新约如此强调基督在我们人性并在祂的敬拜和与父相交之生命中的角色时，我们的敬拜就被视为通过圣灵参与基督与父相交的恩赐。我们向基督祷告，祂自己也过一个祷告的生活。祂将我们带入祂祷告的生命，将祂所说的"父"放入我们的嘴中，从而我们的祷告生活可以成为"在人灵魂中神的生命"。藉着有份于耶稣在圣灵中与父相交之生命，我们得以进入圣子在圣灵中与圣父永恒的相交中。

当今三种神学模式

在进一步论述前，让我们考察与基督教道成肉身的教义相关的所有偏离正统和不符合圣经思想的背景。

1.自由派模式（The Liberal Model）

第一个模式是19世纪新教的自由主义（liberalism），近期由约翰·希克（John Hick）重新复兴。根据自由主义，宗教的核心是灵魂与神的直接关系。它可以这样表述：父神对旧约以色列的意义是什么，祂对耶稣的意义就是什么；对耶稣的意义是什么，父神对保罗的意义也是什么，那么对现今我们全人类的意义也是如此。我们和耶稣在神面前同为人、同为弟兄姊妹来敬拜这位圣父，但不存在一位道成肉身的圣子。耶稣是人而不是神。

德国神学家哈纳克（Adolf Harnack）说："福音，正如耶稣所传的，只与圣父有关，与圣子无关。基督教意味着'神和灵魂，灵魂和它的神'；在孩子和他天父之间无需任何事物——无论是祭司、圣经、律法还是耶稣基督祂自己！"对哈纳克而言，道成肉身不属于简易的耶稣的福音。

这个观点明显是独神论和个人主义的，并伴随着"位格和原理"（person and principle）的分离。哈纳克认为，重要的是代替的爱（vicarious love）和自我牺牲的原理，而非耶稣的位格。耶稣的重要性是这项原理的最好榜样。但是，这将基督教简化为一种英雄崇拜。这种对耶稣的看法在历史和理念（idea）、事实和意义、事件和经验方面是一个基本的精神二元论或二分法。另一位19世纪思想家认为，历史元素"只不过是将基督教理念引入历史的途径"。

显而易见，如果在论述新约和神学时将位格和原理、耶稣的死和代替的英雄式自我牺牲的原理、事实和意义绝对分离（将经验与理论分离），那么我们就不可能恰当地处理耶稣的独特性这一问题。神在基督里道成肉身的教义——耶稣是神"独子"的教义——就不复存在了。基于这些前提而认定耶稣的绝对性就是从祂身上虚构一个神话。这就是现代自由主义者论说"道成肉身之神的神话"（The Myth of God Incarnate）的原因。

但是，教父所反对的正是这种二元论方法。这种进路以古希腊文化形式的亚流主义来阐述他们根据圣经对耶稣基督在敬拜中地位的理解。将简单的福音希腊化、使福音适应希腊文化的方法与道成肉身的教义相去甚远。这项教义以最有力又精确的方式出现。希腊教父不顾自己二元论的文化而殚精竭虑地制定了他们基于圣经的信仰告白，即神在耶稣里成为人。难道还有比《尼西亚信经》中"成为人"（was made man）的论述更非希腊化的吗？

第一种模式呈现的问题就是如此。难道我们能事先决定我们可以（或不可以）在历史中发现的事物吗，就是我们可能会也可能不会相信的事物吗？让我们的方法或预设来控制或决定我们可能相信或经历的事物无疑是不科学的。对现实真正的开放定然需要用我们探索和敬拜的对象来规范我们认知和敬拜的模式。换言之，我们必须认真看待福音书作者的论述，而不是假设它们是某种"神话"。

2.存在主义模式（The Existential Model）

在这里，信仰再次意指当下和即刻的事情。在与神相遇的当下，祂在恩典中将自己赐给我们，于是我们在信心中回应。但是，这种回应只有因着基督的十架之工才成为可能。

依据这种模式，因着耶稣在1900多年前的死，神如今接纳我们成为被赦免之人和祂的孩子。耶稣的代替之工（vicarious work）（祂代表我们所做之工）是我们当下信心和救赎经验的起因。我们通过基督得救。十字架的事件引发了信心的事件（the event of faith）。久远的事件如今通过讲道的事件（the event of preaching）和福音的分享临到我们。然而，关于这点，最关键的是我们的决定和我们决志去信。这可以从更激进的角度来理解（正如布特曼（Rudolf Bultmann）的神学），或者根据更福音派的方式（如早期的卡尔·巴特（Karl Barth））来理解。但是，巴特很快就发现，强调当下的相遇会使道成肉身本身变得毫无意义。单单道成肉身的概念，而非事件和位格，就应该足够了。

这种模式试图以不同形式恰当地处理改革宗神学的表述，即唯独借着恩典、唯独借着信心。虽然它强调神如何在基督里与我们相遇，但是我们向神回转仍然是我们自己的行动、信心和回应！这种神学简化了基督代替的人性，轻视了与基督联合。虽然它似乎强调基督在十架上代替之工所带来的赦免并使我们生发真实的信心成为可能，但是它没有将基督大祭司的职分视为那一位带领我们敬拜、心中承担我们忧伤并为我们代求、在祂自己里面将我们如同神所亲爱的儿女一样献予神、并在圣灵中将我们联于祂自己的生命中。

将敬拜简化为二维的事情（神和当下的我们）是暗示了神任由我们自己去回应。然而，这种方法忽略了一个事实，就是神已经为我们预备了唯一能被祂所接纳的回应——在耶稣基督的生命、顺服和受难中为人类所献之祭。这难道不是失去了福音的安慰和平安并真实基督徒祷告的奥秘吗？这奥秘是指，基督徒的祷告是有份于基督代求的礼物；我们不知道如何做我们当做的祷告，但是圣灵为我们代求。不管我们的信心如何，我们对那唯一能被神所接纳的对回应的回应（a response to a Response）已经在基督里为我们作成了，并会持续为我们成就。

这种存在主义的模式使宗教经验成为起点和关注点，并依据人的需要和经验来解释基督的工作，然后依据祂的工作试图解释基督的位格。但是，伴随着这种"事件神学"（event theology）而来的是，我们对因基督的工作而得的福音之福比基督祂自己更感兴趣。于是，我们微妙地将基督的祝福与基督区分，将基督的工作和祂的位格分离——甚至视"道成肉身"只是解释救赎经验的众多方式之一。

正是由于反对这种进路，潘霍华（Dietrich Bonhoeffer）呼吁我们要首先思考"是谁"的问题（who-question），然后才是"什么"（what）和"如何"（how）。我们要依据道成肉身来解释赎罪，而不是反其道而行之。因为《尼西亚信经》在声明"基督是谁"（Who Christ is）之后才有以下内容："为要拯救我们世人，从天降临……而为人；在本丢·彼拉多手下，为我们钉于十字架上。"神的行动（the Acts of God）需要依据祂的存有（Being）来解释。

3.《尼西亚信经》的道成肉身模式

现在，我们来论述基督徒敬拜的核心——敬拜是参与道成肉身的圣子与圣父相交的恩赐；在这样的敬拜中，我们敬拜并荣耀圣父、圣子和圣灵。基督在新约里被描述为在圣灵中过着与圣父联合、相交的生命。祂在我们的人性中通过永恒的圣灵代替我们将自己献予圣父，并借着祂的灵吸引我们参与祂敬拜的生命和祂从圣父领受对这世界的使命之中。因此，这就为我们确立了两层关系，即在基督里的神人关系，同时又有基督和教会之间的关系。这两种关系都需要依据圣灵来理解，祂是圣父和圣子之间爱的纽带，也是基督和祂百姓之间爱的纽带。

在讲述耶稣如何与圣父相联时，尼西亚教父使用了"与父同质"（homousios with the Father）这一术语。这既是内在于神性之中的关系，又是在神性以外道成肉身中建立的神人关系。我们在此处所关注的是，这种敬拜模式和理解敬拜的根基是一对相关的教义，即代替的人性和与基督联合。

《约翰壹书》一3说："我们乃是与父并祂儿子耶稣基督相交的。"早期教会如此表述：按本性永远为神儿子的耶稣基督成了人子，我们的弟兄；从而我们作为"人的儿子"（当然包括女儿在内）可以借着恩典成为"神的儿子"——在祂里面并借着祂与祂联合。诚如使徒所说："神就差祂儿子的灵进入我们的心，呼叫：阿爸！父！"（加四6）从而，无论我们是犹太人还是外邦人，通过基督"我们借着圣灵都得以来到神面前"（弗二18），进入约翰·拜里（John Baillie）所说的"中介的即刻性"（mediated immediacy）生命之中。

用亚他那修和卡帕多家神学家的话表述就是，在创造、道成肉身和与基督联合中有一个双向行动：① 源于圣父、通过圣子、在圣灵中的神朝向人的行动；② 向着圣父、通过圣子、在圣灵中的人朝向神的行动。

　　因为神在基督里为我们建立了神人关系，所以我们就是在基督里并通过祂敬拜（正如加尔文谈论称义一样）。凭借基督已经并正在为我们所做之事，我们靠着在圣灵中的生命参与基督对圣父的敬拜中。或者如荣格曼（Jungmann）在其伟大的著作《基督在礼拜祈祷中的地位》（The Place of Christ in Liturgical Prayer）中所说的，我们的敬拜不仅是因着基督（dia Christon），因着基督的工作和功德，而且是通过基督（dia Christou）——通过祂自己的位格。我们在这位中保里并借着祂，就是我们的大祭司，就近我们的父神——乃是被慈爱的圣灵吸引。这就是三一神在奇妙恩典里将我们提升至神性（Godhead）的生命、爱和相交中的方式。

　　因此，在礼拜的祈祷中，基督拥有包含在道成肉身奥秘中的双重角色。祂在那一刻既是我们敬拜和祷告的神——"主耶稣啊，请祢来吧"（启二十二19）——同时也是为了我们而在祷告的能力中生活的那一位。借此，我们可以得到救赎并恢复与神相交。我们正是为此被造。因此，《尼西亚信经》的陈述包含了双重目的：为要拯救我们世人，从天降临……而为人。神在爱中将祂自己赐给了世界，在基督里成了我们爱和敬拜的对象。与此同时，祂成为人而降临，为我们准备了人的爱、顺服和敬拜的生命。我们为此被造，也因此承认祂是我们的救主。

　　持守对基督在敬拜中双重角色的认识很重要。正如荣格曼所说，尼西亚会议之后对亚流主义的畏惧常常促使教会贬低"祷告的基督"（the praying Christ）这一思想，单方面地强调神性的基督作为祷告对象的角色。如此，教会的祭司职分就渐而取代了基督的祭司职分。基督代替之人性的教义在敬拜中开始消失。我们由此就明白了为什么加尔文如此关心恢复唯独基督祭司职分的教义——将真正的祭司职分归回原本的耶稣的人性——并以群体性词汇将教会重新解释为一个参与基督祭司职分的君尊祭司的职分，并以这种方式来理解主餐。

这种《尼西亚信经》模式——从基督代替的人性的角度来理解敬拜——的根基考量的因素乃是基于对圣经的深入理解。我接下去论述几个因素。

一和多

在旧约以色列时代，大祭司对于以色列而言是代表耶和华（神），对于耶和华而言在他自身中代表以色列。耶和华和以色列之间的盟约聚焦在大祭司和君王个人身上。这种思想隐藏在新约和教父对基督包含性（inclusive）与代表性人性和新约（New Covenant）中保的理解之中。基督对人而言代表神，对神而言代表人，祂在自己的位格中成为许多人的代表。

这种"一"和"许多"的思想萌芽于以色列的意识（the consciousness of Israel），即她是从万国中被拣选成为君尊的祭司、圣洁的国度、敬拜的百姓、神赐人类之恩的领受者。为此，她从埃及被呼召出来成为神的儿子，这种"一为多"（one for many）的思想深深地烙在旧约以色列的敬拜礼仪和献祭生活之中，并像逾越节一样以记念他们被拯救出埃及的方式来解释。长子象征这种代替的角色，继而利未支派被拣选成为代表许多人（所有以色列的子孙）的那一个支派。直到时候满足，神差遣祂的儿子成为真以色列人、被拣选的仆人、真正的祭司、一切被造前首生的。神在祂儿子里并透过祂成全了对全人类的旨意。

在旧约以色列中，正如在现今的以色列中一样，以色列敬拜最重要的行动是在赎罪日（yom kippur）。那一天总括了一年中所有其它时间的敬拜。在那一天要献一次祭，这祭总括了每天在圣所中所献之祭；那一天，全体以色列的敬拜由大祭司一人带领。让我们思考一下那一天的象征意义。大祭司站在百姓面前作为神设立的代表，是他们骨中的骨、肉中的肉，是他们的弟兄，与他所代表的百姓共属一个整体。他所做的一切都是以他们的名义而行。象征此事的是：大祭司担负着被刻在胸牌上并安在肩上的他们的名字，作为神面前的记念（出三十九7）。借着洁净和献祭的特定礼仪，他将自己分别为圣后再去事奉。于是，重要的时刻来到了。大祭司带着动物，将自己的手放在祭牲上，在代替性忏悔（vicarious penitence）中代替性地宣告全体以色列的目的，承认神公义的审判。当祭牲被杀献上作为神审判的象征时，他将血放入器皿中，然后进入至圣所，在那里为全体以色列代求。神会记念祂盟约的应许并施恩地赦免。接着，他带着亚伦平安的祝福回到在外面等候的人群。

象征化的基督事工

新约作者视这为基督事奉的预兆。基督从神那里来作真正的祭司，我们骨中的骨、肉中的肉，与全人类、所有种族、所有肤色的人群相联合，使祂神圣的心承担万国的名和万族的需要、伤痛和不义，从而献上我们无法献上的对圣父的敬拜、顺服和爱的生命。在我们主的大祭司祷告中，祂为祂的百姓代求："我为他们的缘故，自己分别为圣，叫他们也因真理成圣"（约十七19）————一人为了众人（the One for the Many）。"因那使人成圣的和那些得以成圣的，都是出于一。所以，祂称他们为弟兄也不以为耻。"（来二11）耶稣祷告、顺服和爱的一生和在圣灵中的一生正是祂为我们的缘故自己献上的一生，因为祂不是献上祭牲，而是在死亡中献上自己。祂就是除去世人罪孽的神的羔羊，并在我们的人性中对神公义的审判说"阿门"。祂并不是要平息一位愤怒的神，使祂变得恩慈，乃是完全地承认神对罪恶世界的爱————用祂的血确定了神对人类盟约的目的。

在复活当日，祂对马利亚说："……我要升上去见我的父，也是你们的父，见我的神，也是你们的神。"（约二十17）大祭司正在前往至圣所的路上，去为祂的百姓代求。在同一天的晚上，当门徒在楼房聚集祷告时，耶稣来了，说："愿你们平安！"（约二十19）这是大祭司的回归。祂赐下圣灵的恩赐，从而我们与祂共享祂对这世界的宣教使命（约二十21-23）。

当我们思想旧约以色列在赎罪日礼拜的象征意义时，可以得出两个结论。

（1）当大祭司在圣所中进到耶和华面前时，他是在自身中将整个以色列呈至神面前。正如加尔文所说的（对来六19的注释），我们可以说整个以色列在大祭司里进到神面前。

（2）反过来，当大祭司代替地承认了以色列的罪并在神面前为他们代求时，神在大祭司里接纳他们成为被赦免的百姓。

这两个结论表达了一思想，即神与以色列之间的盟约是经中保之手而立的。以此类推，我们可以根据新约对基督做出双重声明。

（1）当基督为我们降生在伯利恒、在约旦河中受圣灵的洗、在彼拉多手下受难、然后复活升天时，我们在祂里面也被重生、受圣灵的洗、受苦、死去、再复活升天。如今，祂在自身中将我们呈至圣父面前作为蒙爱的儿女，我们的义与基督一同藏在神里面——预备在末后的日子显现。

（2）反过来，因为基督为我们而活又透过永远的圣灵以我们的名义并代替我们将自己无瑕疵地献给圣父，一人代表众人，所以神就在基督里接纳了我们。我们在神的爱子中被接纳了！

在基督里并通过祂敬拜

这表示我们在基督里并通过基督敬拜圣父（en Christo as well as dia Christou）。耶稣是新约的中保。神在祂里面就近人，我们在祂里面藉着圣灵亲近神。我们"奉基督的名"敬拜，因为祂已经以我们的名义向神真正地一次献上，又因为祂长远活着以我们的名义为我们代求。神人之约就聚焦在祂的位格上。

因此，基督包含的人性（inclusive humanity）这一观点并非"希腊的实在论"（Greek realism）和柏拉图的"理想的人"（Ideal Man）的概念——希腊人理解"一和多"的方式。假如它是，那么重要的就不再是作为个体的耶稣，而是这个理想的人并他所体现的原则。圣经中耶稣的概念绝非二元论。耶稣不但是一个人，而且是神在祂里面为了世界将自己赐给这世界的那一位，藉此神对人类的旨意才能成就。

后一个概念由爱任钮在他的复原（recapitulation）教义中发展而成。与在他之前的殉道者游斯丁（Justin Martyr）一样，根据这个教义，他抨击了马吉安（Marcion）试图区分旧约创造之神和新约救赎之神的做法。万物藉祂而造的基督就是那位为救我们之故而成为人的基督。换言之，圣子创造亚当，乃是为了后者能得儿子的名分、与神相交（communion）和得享永生（immorality）。圣子并没有放弃祂对人类慈爱的旨意。为了拯救世人，祂自己成为人，从而在自身中为我们成全了神的爱、顺服和敬拜的旨意。因此，我们在亚当中所失去的（与神相交）在基督里得以恢复和成全，并在主餐中藉着圣灵持续享有。这当然与保罗在《罗马书》第五章和《以弗所书》第一章的教导吻合。神伟大的旨意是要"使天上、地上、一切所有的都在基督里面同归于一"（弗一10）。

这种复原的概念是指，在基督包含和代替的人性中并藉着它成全神对人类的旨意。亚他那修和加帕多家神学家借着"没有取了真实的人性就不能拯救世人"（the unassumed is the unredeemed）这一说法将这个概念阐述地更为全面。在《论道成肉身》（On the Incarnation）一书中，亚他那修问到，当我们说基督是我们人性伟大的医生时到底意味着什么。基督医治我们并非通过观察、诊断我们的疾患、为我们拟定治疗方案后离开，任由我们借着遵行祂的吩咐得以康复——正如大多数医生会做的一样。不是的，祂乃是自己成为一个患者！基督取了需要被救赎的真实人性。祂在我们人性中藉着被圣灵膏抹和过完全顺服的生活，又靠着为我们死并复活，从而在祂里面医治了我们的人性。我们并不仅是因着基督之工才得以"通过基督"（through Christ）得医治，而且是"在基督里并通过祂"（in and through Christ）得医治。诚如19世纪早期苏格兰神学家爱德华·艾文（Edward Irving）和当代神学家卡尔·巴特所说，这就是这些教父毫不犹豫地说基督取了"堕落后的人性"（fallen humanity）的原因，从而我们的人性得以在祂里面并藉着祂在圣灵中无罪的生命回到神那里。这生命也藉着祂在我们里面。

在基督里，神朝向人（God-humanward）和由人朝向神（human-Godward）的关系都白白地赐给了我们

当思考敬拜的"存在主义模式"（Existential Model）时，我们发现由神向人的恩典行动是在基督里赐给我们的，借此我们被呼召在信心、决志、悔改和顺服中回应它。然而，这种模式的缺陷是，唯独由人向神的行动是我们的！换言之，如此理解恩典的意义并非公允，因为它简化了基督代替的人性。恩典并非只意味着在耶稣基督的降临中，神在神圣的爱里将自己赐给世人。它也意味着神道成肉身，作为人而为我们成就我们不能为自己所做之事，并在祂自己里面透过永远的圣灵将我们呈给父神。换言之，由人向神的行动，就是我们因恩典而参与其中的行动，是白白无条件赐予我们的。我们在信心和顺服中的回应是去回应基督为我们已经对父之圣爱所做的回应，就是我们被呼召在与基督联合中所做的回应。在我看来，这是像亚力山太的区利尔（Cyril of Alexandria）一样的希腊教父的深刻见解。约翰·加尔文在《基督教要义》中阐述恩典时依据两个

教义来论述这一见解：凭借祂为我们缘故的顺服，我们的救赎全都已在基督里完成了；我们被呼召去过与基督联合的生活，从而我们自身在我们的头基督里成为我们已经所是的（what we already are）。

在批判中世纪忏悔圣事(sacrament of penance)的论述中，加尔文所谓的"律法性悔改"（legal repentance）和"福音性悔改"（evangelical repentance）在神学和教牧辅导中的差异比他在《基督教要义》卷三中所讨论的其它内容的更为重要。律法性悔改的观点是：悔改吧，只要悔改就得赦免！我们的父神好像被决定成为施恩者。这使顺服的命令居于恩典的陈述之先，视神的爱、悦纳和赦免为条件性的，我们凭此而行——这乃是基于我们悔改的善工。加尔文认为这个观点颠覆了福音的恩典次序（the evangelical order of grace），使悔改先于赦免。然而按照新约的逻辑而言，赦免是先于悔改的。另一方面，福音性悔改的表述是：基督在十字架上已经承担了你的罪，因此，悔改吧！也就是说，悔改是我们对恩典的回应，并非恩典的条件。福音的好消息就是："有一种赦免可以让我们与神同在，从而人会敬畏祂"；并且祂已经在十字架上的基督里宣告了这消息——这宣告呼召我们用信心和忏悔去回应。

律法性和福音性悔改

加尔文所说的赦免在逻辑上先于悔改是什么意思呢？关键在于我们人之间互相关系的重要性。如果两个人不幸有了争吵，有一天一个人来到另一个人那里，十分真诚地说："我原谅你！"很显然，这不仅是爱与和好的话语，也是谴责的话（或许是令人难堪的话）。

因为在宣告原谅时，他明显意味着另一方是有罪责的！的确，对别人说"我原谅你"可能是一件十分伤人的事，即便不是一件自义的事。另一个人可能会如何反应呢？我可以想象他的即刻反应可能是愤怒的。觉察到话语中一种审判和谴责的意味，他可能会果断地拒绝这种原谅，因为他不愿服从其中所隐含对罪责的审判。他可能不知悔改，没有"内心的改变"。但是，假设这人随后进行了反思，他重新回到朋友那里说："你确实是对的！我先前错了！"接受爱和原谅的行动暗示了这朋友服从罪责的审判。他会有真正心思意念的转变，因这对他而言是忏悔的行为。

道成肉身的福音亦如此。神在基督里向世界传讲祂赦免和慈爱的话语，这同时也是祂审判和定罪的话语。但是，当接受十字架话语（the word of the Cross）中所隐藏的圣父慈爱的话语时，这对我们而言是谦卑降服罪责的审判。这是宗教改革时期理解恩典的核心思想。然而，谁能做出如此完美爱的回应，就是完美的忏悔行为，即对罪责审判的完美降服呢？我们不能做的，神在基督里已经为我们成就了。

这一深刻认识正是苏格兰神学家约翰·麦克劳德·坎贝尔（John McLeod Campbell）在他常被人误解的《赎罪的本质》（The Nature of Atonement）一书中提出的。在此书中，他依据代替的人性和基督的儿子身份（Sonship）阐述了代替的悔改（vicarious repentance）这一教义——代替的福音性悔改。他深刻理解了新约为基督所做的见证。我们发现有神朝向人和人朝向神的行动。正如他所说，基督站在神那一方与人接洽，又站在人这一方与神接洽。在圣父的儿子、道成肉身的耶稣基督里，不但神在无条件赦免中将自己赐予人类，而且我们同时看见作为人类代表的耶稣，在祂儿子的顺服的生命中和我们的人性内，对神公义的审判说阿门。祂不仅作为我们的大祭司和代求者代替地承认我们的罪，而且为了我们（不是为祂自己）将自己的生命倾倒在十字架上而降服于罪责的审判。基督为我们已经一次就永远地以代替的福音性悔改完美地回应了圣父的爱和审判。如今，祂藉着圣灵将我们与祂自己联合，我们藉此可以过爱和彼此代求的生活，并每日在十字架前认罪。

坎贝尔清楚地认识到，神并非只是说了赦免的话后就抛弃了我们，让我们自行以悔改做出回应——甚至是福音性悔改！神知道我们的软弱和无能。恩典意味着，神在耶稣基督里以人的样式亲自向我们显现，在赦免中将自己赐给我们。与此同时，对我们而言，祂为我们代替地对神的话语（that Word）做了完美的回应。我们的确被无条件地呼召过一个信心和悔改的生活。但是，我们福音性悔改的回应是靠着神的恩典、透过圣灵而产生的，是一个藉着与基督联合而产生的对回应的回应——是我们对十架之道（the Word of the Cross）的回应。

坎贝尔清楚地知道其中的神学内涵，即我们必须根据道成肉身来解释赎罪，而不是根据赎罪来解释道成肉身。因此他说，如果我们长时间并仔细地思考基督是谁，并注目于祂作为儿子的顺服的整个生命和在十字架上达到高峰的完美的怜悯，那么我们才能稍微明白赎罪行为的性质；正是靠着这赎罪，我们得以与神和好。在拿撒勒人耶稣代替的生命和死亡中——在祂完美的人性中——我们看见神在神圣的爱中向人敞开心扉：不仅在长阔高深的爱的话语中，而且在彻底揭露我们人类罪和自负的话语中。同时，在以死亡终结的人性生命中，我们看见了拥有完美儿子身份的生命和谦卑、付代价地降服于对这罪恶世界的罪责审判之下的生命。

但是，这种代替的儿子身份和悔罪的生命必须是要解释当下，而非为过去。耶稣从圣父那里为我们领受了赦免的话语，不仅我们过去的罪得以涂抹，而且我们可以领受收养我们的圣灵（the Spirit of adoption）。借着与基督联合的生命，我们被恢复到儿子的地位，得以被带入令人喜悦的福音性悔改之中。

"基督代替了我们"和"有份于基督"是一对不可分开的教义

正如基督在我们的人性中被圣灵膏抹、为我们完成祂的事工一样，我们藉着同一位圣灵与祂联合，得以有份于祂的事工。在新约里，基督以在祂双重事工中将我们与祂联合的方式显现，即将神带给人并将人带到神那里。相应地，圣灵也有双重的事工。圣灵有神朝向人的行动。祂在创造、启示、敬拜中更新我们，将恩赐赐给教会。但是，圣灵也有人朝向神的事工，通过基督（dia Christou）将我们带到神那里。在那里，"圣灵亲自为我们代求"（罗八26），将我们提到与神的相交中，进入三一神的真实生命里。祂既是说话的灵也是代求的灵，带有先知和祭司的职分。因此，基督代替的人性和圣灵代替的祭司工作（vicarious priestly work）都是我们理解敬拜的基础。在敬拜中，我们的兄长、辩护者、大祭司基督在祂自身中将我们与祂联合——代表我们呈献给父神。

因此，"参与"（participation）是一个关键词。它结合了我们所做之事和我们被赋予而得以参与的事，即圣子与圣父的相交和圣子从圣父领受向这世界的使命。

雅各·托伦斯在本章参考引用了许多资料。相关书目可以在托马斯·托伦斯编辑、Handsel出版的《道成肉身》（Incarnation）一书第六章中找到。

挑旺灵火

1. 敬拜是我们在牧者帮助下所做之事这一观点错在哪里？这种敬拜神学会产生怎样的实践结果？

2. 将敬拜理解为参与道成肉身的圣子与圣父的相交能避免什么？

3. 当哈纳克将基督道成肉身的实在与祂牺牲之爱的原理或概念相区分时，他所谓的基督教发生了什么？基于这种神学的敬拜会怎样？

4. 在存在主义模式的敬拜中，焦点是我们信仰经历的即刻性。这个观点有何致命缺点？

5. 在《尼西亚信经》模式的敬拜中，基督扮演的双重角色是什么？

6. 在以色列赎罪日那天，大祭司以怎样的方式代替以色列百姓？作为我们的大祭司，耶稣如何与赎罪日的行动相同？

7. 教父过去采用"没有取了真实的人性就不能拯救世人"的表述。亚他那修如何借着医学例子来解释这句话？

8. 我们对神恩典的回应在什么意义上是"对回应的回应"（a response to a Response）？

导 读

✧ 我们领受了圣灵，从而与圣子和圣父之间的相交有份。因此，三位一体的教义是我们理解祷告和相交的原则。为此，我们按着神的形象被造的男女得以在祷告和相交的生命中寻见我们真实的存有。

✧ 我们知道我们应该要祷告，也尝试去祷告，但是并不成功。我们不知道如何祷告。然而，神是如此爱我们并渴望将我们引入爱的相交之生命中，以至于祂在基督里就近我们、代替我们、为我们祷告、与我们同在并住在我们里面。祂又差遣祂儿子的灵进入我们的心，使我们能呼叫"阿爸，父！"

✧ 神的儿子取了我们的人性，在圣灵中借祂代替的生命（vicarious life）使我们的人性成圣，在祂自身中借着受难和埋葬使其致于死，并藉着复活和升天将我们带入神的神圣同在中。

✧ 恩典是神白白地、自愿地并亲自在盟约之爱中将祂自己赐予我们，又在耶稣基督里借着祂的圣灵吸引我们，并在爱的团契中使我们同祂自己联合。神的恩典乃是无条件和白白的。

✧ 在祷告中，我们将目光转移到圣父和我们的大祭司耶稣基督身上，因为祂为我们代求、与我们同在并住在我们里面；信

靠祂垂听并回应我们祷告的恩惠，让我们的意志降服并顺从
神的旨意。

✧ 我们被召乃是让我们整个生命在信心中注目于我们的大祭司基
督，让祂借着圣灵使我们每一天攀升至祂祷告的生命中。信心
意味着我们每天降服自己、虚己，从而让圣灵来引导我们。

第四章 祷告和基督祭司的职分

雅各·托伦斯（James B. Torrance）

基督代替的人性（vicarious humanity）延伸至我们的内心深处。甚至在祷告这一亲密无间的关系中基督也取代了我们的位置。雅各·托伦斯向我们阐明这是一个莫大的安慰。正如他所说，我们想祷告，也尝试去祷告，但是并不成功。此时，福音将我们的目光从自身转移至耶稣。祂以我们之名、代表我们、在人的肉体里活出了一个祷告的生命和在圣灵中与父相交的生命。如今，祂使我们能在祂祷告的生命中有份。借着圣灵的能力，我们在耶稣里被吸引到三位一体神在爱里奇妙相交的祷告中。祷告不再是我们自己所做的事——凭借匆忙和费力的努力——乃是基督在我们里面为我们所做的。这便是福音令人欢欣的自由。

有一则关于美国布道家慕迪（D. L. Moody）的故事。有一次他去苏格兰，在格拉斯哥（Glasgow）向几百位学生儿童讲道，并向他们提出了一个他在世界各地常常问儿童的问题：什么是祷告？令他惊讶的是，几乎每个人都举起手来。所有人都从学校教导的旧版《威斯敏斯特小要理问答》找到了相同的答案。

祷告是将自己的心愿呈献给神，因为这些事合乎祂的旨意，又奉基督的名认自己的罪，并感谢神的怜悯。

我们有些人是在学校里学到这个定义。但是，到底有多少人真正理解这一经典表述的意义呢？我敢确定，我自己在那个年龄段的时候并不理解。那时候，我对祷告的认知更多地来自我母亲的祈祷或家庭祷告的环境。

我们只能奉基督的名祷告，因为基督已经以我们的名义将我们的心愿呈献给神并持续不断地呈上。祂以我们的名义、在圣灵中活出了一个合神旨意的生活。祂以我们的名义并在我们的处境中，替代性地为我们认了罪，并为我们的缘故在十字架上接受罪的审判，承担我们的罪责（用新约词汇来说就是"咒诅"，"神的忿怒"），并以我们的名义向神献上了感恩。我们"奉基督的名"祷告，是凭借基督曾经以我们的名义并代表我们所做的和如今正为我们所做的事。

这一思想清楚地体现在新约所讲述的基督在祷告和代求事奉中的祭司职分，正如我们的主在《约翰福音》十七章大祭司的祷告和《希伯来书》描述的一样。"因为耶稣永远长存，所以祂祭司的职分就长久不更换。因此，凡靠着祂进到神面前的人，祂都能拯救到底；因为祂是长远活着，替他们祈求。"（来七 24-25）新约作者使用旧约以色列祭司职分的象征性仪式来解释耶稣的事奉，尤其是祂的祷告生活。

　　对于旧约的以色列而言，正如现今的以色列一样，敬拜和祷告的主要事工是在赎罪日（yom kippur）进行。那一天涵盖了全年其它日子敬拜和祷告。在那一天，以色列民要向神献祭。这祭总结了每一天在圣所中所献之祭。在那一天，以色列全体的敬拜和祷告由大祭司一人带领，他一个人代表了许多人。我在《敬拜的意义》这一章已经探讨了这一内容。伟大的时刻就出现在那时：当大祭司带着他胸牌和肩上的全体以色列的名字并将手按在一只动物的头上使它分别为圣时，他就是代替性地为全体以色列的罪悔罪，承认神公义的审判。然后，他将祭牲的血放入一器皿中，"升入"至圣所。在那里，他为全体以色列代求，而神记念祂盟约的应许并饶恕祂的百姓。当他在神的神圣同在中祷告时，全以色列在外面祷告，大批祷告在大祭司的带领下上达到神那里。接着，他带着亚伦平安的祝福回到在外面恭候的人群。"主晓谕摩西说，'你告诉亚伦和他的儿子说：你们要这样为以色列人祝福，说：愿耶和华赐福给你，保护你。愿耶和华使祂的脸光照你，赐恩给你。愿耶和华向你仰脸，赐你平安。他们要如此奉我的名为以色列人祝福；我也要赐福给他们。'"（民六 22–27）作为中保，对于以色列而言他代表神；对于神而言，他在他的事奉中代表以色列。

　　以色列的敬拜是一个恩典的条例，是由神所设定的对恩典的回应。当大祭司献祭并将祭牲的血洒在至圣所的约柜和施恩座上时，他并不是像异教敬拜一样试图安抚一位忿怒的神。他们的敬拜乃是神所赐的对恩典的一种回应，承认神满有恩典和慈悲，因此大祭司在代祷中求告神记念祂给祂约民的应许。祂是一位以慈爱和恩典立约的神，并非一位不得不彰显恩典的"契约的神"（contract–god）。

他们的敬拜是对恩典的回应，不是恩典的条件。旧约中的"kipper"
（抚慰，覆盖）一词从来不像异教敬拜一样，用来描述人以自己的
行动安抚一位忿怒的神。这词乃是表示神在礼仪中向以色列提供自
己恩典的见证，即祂是慈悲的，并象征式地表明他们的罪责已经免
掉了。

新约作者认为，这是基督中保事奉的预兆。祂将神的恩言和赦
免带到世界，以我们的名义并代替我们在顺服圣父的爱中献上自己
的生命作为人类罪恶的挽回祭（约壹二 1-2），并在圣灵的大能中
复临来祝福我们、洁净我们、将我们引入祂与圣父的相交中并与祂
的代求有份。这就是耶稣在钉十字架前一夜在马可楼房所教导的重
要意义。那时祂说："在那一天（将来，当圣灵降临时），你们若
奉我的名求什么（anything you ask for），我必成就。你们若向父求
什么（whatever you ask），祂必因我的名赐给你们。"（约十四 14；
十六 23）我们的主总计六次说到"奉我的名"祷告，六次说到
"无论求什么"（whatever you ask）或者"你所求的任何事"
（anything you ask for）。祂只一次献祭，就洗净了我们的罪并引导
我们进入至圣所。在那里，祂在父的面前为我们代求。

这便是福音的好消息。耶稣以我们的名义、代表我们、在人的
肉体里活出了祷告的生命，一个在圣灵中与父相交的生命，将我们
的人性分别为圣。祂在自身中将我们原有的人性带入坟墓，所以我
们旧有的人性才能埋葬在亚利马太约瑟的园子里，并在祂里面得以
更新。祂从死里复活，成为新创造中头生的，并升天作为我们的大
祭司，从而在我们的人性中为我们活着，在一个荣耀的人性中，即
与父永远相交的生命中，在"至圣所"和"天上"为我们代求。但

是，祂还未完成这事。在五旬节时，祂将自己的灵倾倒给教会，借此带我们进入与父相交的生命中。于是，我们可以参与祂荣耀的生命、祷告、代求和祂面对人类的使命。新约中一重要词汇 koinonia 可以翻成相交、团契、分享、参与、与基督相一致。这是新约的信息，是我们祷告生活的奥秘。我们这位伟大的大祭司已经为我们这些有罪的人进入了至圣所，为我们的罪献了祭，如今在幔子内为我们代求。祂并非像旧约以色列的大祭司一样，在赎罪日必须将我们搁置在会幕之外；相反，祂借着圣灵带我们与祂一起进入至圣所，借圣灵领我们到父那里。因此，我们必须将这两件事结合在一起来看。第一，祂**已经**在祂自己的位格中将我们的人性带入至圣所、父的面前。第二，祂**如今**借圣灵就近我们，将我们带入至圣所，将我们献给父，"毫无玷污、皱纹等类的病"（弗五 27）。

我们在这里可以看出，教会的本质是"被拣选的族类，是有君尊的祭司，是圣洁的国度，是属神的子民"（彼前二 9）——在基督里的圣洁，借着圣灵参与道成肉身的子与父之间的相交——"靠耶稣基督只一次献上祂的身体，就得以成圣"（来十 10）。这就是祷告和教会基于三位一体的本质，正如教会在五旬节受洗归入基督一样。在耶稣升天和五旬节之间的那十天，门徒、主的母亲马利亚、其他妇女和主的兄弟并一百二十位耶稣的跟随者自愿聚集在一处，为着圣灵祈求祷告；作为对祷告的回应，如耶稣已应许的，圣灵降临了（约十四 16；十六 17；路二十四 49；徒一 4，5；第二章）。当彼得在讲道中提到我们的主升天和耶稣的应许被应验时，有一节十分重要的内容："祂既被神的右手高举，又从父受了所应许的圣灵，就把你们所看见、所听见的浇灌下来"（徒二 33）。

他在这里似乎是说，耶稣在约旦河中为我们受了圣灵的洗才开始祂地上的事工，如今借着五旬节使教会受了圣灵的洗开始了天上的事奉，从而教会参与耶稣与父相交的生命之中、承接祂对这世界的使命。所以，《希伯来书》的作者说："同蒙天召的圣洁弟兄啊，你们应当思想我们所认为使者、为大祭司的耶稣。"（来三1）

作为基督的身体，教会有四个根基或房角石：

1. 基督的神性。神的儿子是在童贞女马利亚的子宫中由圣灵感孕，祂是"神与我们同在"。

2. 道成肉身，基督的真实人性。马利亚生了一个有真实人性的婴儿。神在马利亚的子宫中取了人性，我们堕落的人性在祂里面借着圣灵得以成圣。

3. 十字架上的赎罪。基督在自身中将我们旧有的人性带入坟墓。因此我们断定，当基督为世人死时，我们就在祂里面死了。"何况基督借着永远的灵，将自己无暇无疵献给神，祂的血岂不更能洗净你们的心，除去你们的死行，使你们事奉那永生的神吗？"（来九14）

4. 基督复活和升天来到了神的宝座前。在那里，祂将我们在祂里面分别为圣的人性带入至圣所，如同我们的君尊祭司来掌管我们（参诗一百一十篇）。

升天是先前一切事工荣耀的硕果。耶稣升天之后圣灵被差遣下来。这似乎是说，道成肉身、受死、复活和升天的目的是我们可以由此领受圣灵，是为了三一神的恩典可以借着在基督里使我们的人性得以成圣从而实现创造的目的，是为了我们可以被领入神圣相交和祷告的生命中。正为我们代求的伟大的大祭司借着圣灵就近我们，与我们一同并在我们里面祷告，又在我们的祷告中引导我们。"又有一位大祭司治理神的家……就当存着诚心和充足的信心来到神面前。"（来十 21–22）

因此，有关祷告生活，我们可以得出三个结论：

1. 耶稣基督为我们代求。作为升天的主、至圣所中的大祭司，祂成为我们的替代者。

2. 祂赐给我们圣灵（徒二 33）。

3. 在祷告中祂使我们与祂自己联合，从而参与祂的祷告和与父的相交中。祂吸引我们进入一种"祷告的联合"之中，使我们可以再次"住在祂里面"，就是这棵真葡萄树。

为了准确理解教会作为君尊的祭司的含义，我们需要强调以下两点：

第一，祷告的三位一体教义的本质。神是爱，而神内在的爱体现了位格之间的相交。父在圣灵的相交中爱子。子在与圣灵的相交中爱父。神在爱的相交中彰显祂的存有（being）。我们在基督里被造和被救赎，得以借着圣灵参与那与神和我们彼此相交的生命中——那种相交是在神里面进行的。我们领受了圣灵从而在子与父之间的相交中有份。因此，三位一体的教义是我们理解祷告和相交的原则。为此，我们按着神的形象被造成男人和女人，在祷告和相交的生命中找到我们的真实存有（true being）。

第二，教会唯独借着恩典生存和祷告。保罗在《罗马书》中解释了唯独借恩典称义和成圣。他论到祷告时，说："况且我们的软弱有圣灵的帮助。我们本不晓得当怎样祷告，只是圣灵亲自用说不出来的叹息替我们祷告。鉴察人心的，晓得圣灵的意思，因为圣灵照着神的旨意替圣徒祈求。"（罗八 26–27）我们知道我们应该要祷告，我们也尝试去祷告，但是并不成功。我们不知道如何祷告。然而，神是如此爱我们并渴望将我们带到爱的相交之生命中，以至于祂在基督里就近我们，代替我们、为我们祷告、与我们同在并住在我们里面；又差遣祂儿子的灵进入我们的心，使我们能呼叫"阿爸，父！"（罗八 15；加四 6）

这就是神学家所说的基督的代替的人性——基督替代了我们的位置——的重要性，即三一神在耶稣基督里来到并替代我们，借着圣灵为我们并在我们里面做了我们自身不能做的事，从而在我们的人性中达到祂为我们所定的目的。

这就是《罗马书》和《加拉太书》中因信称义的核心。我们都伏在律法公义的要求（dikaiomata）之下。我们试图达到这要求，但是我们失败了，被律法定了罪（katakrimata）。难道神放弃了祂对我们公义的旨意吗？不是的。祂在爱中差遣祂的儿子借着女人生在律法之下，从而救赎我们脱离律法的咒诅（katara），使我们可以得儿子的名分。因为我们是儿子，神就差遣祂儿子的灵进入我们的心，呼叫："阿爸，父！"（加四 4–6）因此，唯独透过恩典，律法公义的要求（dikaiomata）才能靠着基督为我们而被成全，并借圣灵在我们里面成全。我们不再随肉体（对我们自身错误的自信）行事，而是随圣灵行事。所以，那些在基督里的就不定罪了（罗八 1–4）。

保罗在讲完"义"之后立即谈到祷告。三一神为了我们有一个敬拜和祷告的生命而创造我们，一个在"敬拜条例"（dikaiomata latreias，来九 1）之下奇异的相交之生命。但是，尽管我们尝试尽可能遵守这些条例，结果却是一败涂地："所献的礼物和祭物，就着良心说，都不能叫礼拜的人得以完全"（来九9）。所以，保罗说到，正如我们所看到的："我们本不晓得当怎样祷告，只是圣灵亲自用说不出来的叹息替我们祷告。鉴察人心的，晓得圣灵的意思，因为圣灵照着神的旨意替圣徒祈求"（罗八26-27）。于是，使徒保罗接着论到了祷告："谁能定他们的罪呢？"——当我们在祷告生活中感到因为我们的失败而被定罪时。"有基督耶稣已经死了，而且从死里复活，现今在神的右边，也替我们祈求。谁能使我们与基督的爱隔绝呢？"（罗八34-35）这是新约有关基督祭司职分的教导。神在恩典中成为人，在祷告生活中成为我们的替代者。

此外，新约对义和祷告的论述也同样适用于圣洁。神的诫命是："你们要圣洁，因为我是圣洁的"（彼前一16）。但是，我们没有一个人可以使自己成为圣洁。在恩典中，神在耶稣基督里来到这里并成为我们的代替者，从而祂能将我们带入至圣所，带入与我们天父的神圣相交中。神的儿子取了我们的人性，在圣灵中借祂代替的生命使其成圣，在自身中借着被钉和埋葬使其致于死地，并在祂复活和升天中将其带入神圣的同在中。"我们凭这旨意，靠耶稣基督，只一次献上祂的身体，就得以成圣"（来十10）。"我们在祂面前成为圣洁，无有瑕疵"（sancti et immaculati）（弗一4），如今，我们领受了圣灵并被呼召成为圣洁。我们相信合一（one）、圣洁（holy）、大公性（catholic）和使徒性（apostolic）教会。教会在基督里是圣洁、毫无瑕疵的，并被召靠着在圣灵中的生命自身成为圣洁。只有如此，我们才能在祷告中向神举起圣洁的手。

我们先前讨论的关于"义"、"祷告"和"圣洁"，几乎可以涉及所有的教义，尤其是我们被召成为"君尊的祭司"。神按着祂自己的形象创造我们，使我们成为被造物的祭司，并呼召以色列成为代表这个世界的君尊的祭司。然而，以色列失败了——我们都失败了。难道神放弃了祂对被造物的旨意吗？在恩典中，祂以两种途径在基督里来到，成为我们的替代者。基督作为我们伟大的大祭司在十字架上一次并永远地为我们的罪赎罪。但是，祂又作为我们永远的祭司，"按着麦基洗德的等次"，祂拥有永恒的祭司职分；当我们借着祂来到神面前时，祂长远活着为我们代求（来七章）。我们常常强调基督在十字架上一次并永远的祭司职分，却忽略了基督持续的祭司职分。祂不仅在十字架上一次并永远地献上赎罪祭成为我们挽回祭，而且祂在祂里面将我们和我们的祷告呈现在父神面前，在祂的感谢祭中使我们成为神蒙爱的儿女、祂的兄弟姐妹。为了更好地理解教会、敬拜和祷告，我们需要恰当地理解恩典。我们需要注目满有恩典的三一神，祂在基督里就近我们，成为我们的弟兄和替代者，借着圣灵为我们并在我们里面成全祂三一神的爱和对以色列、教会和世人的旨意。祂呼召我们过"奉基督的名"祷告和祈求的生活。

据此，我们对自己的祷告生活能说什么呢？

1. 我们唯独借着恩典祷告

我们不知道如何做我们应该做的祷告，但是基督为我们祷告，与我们一起祷告，并在我们里面祷告。祷告是父神在赐下基督成为我们的替代者和赐予教导我们祷告的圣灵中的恩典的礼物。在祷告中，父神将我们升入爱的相交的生命中。恩典并非一件"东西"

（thing），一种没有位格的"诱因"（cause）。教会常常以容易模糊恩典的位格性本质的方式讲论赋予的恩典（imparted grace）、有效的恩典（efficacious grace）、受造的恩典（created grace）、无形的恩典（invisible grace）和注入的恩典（infused grace）。恩典是神自主和有位格性地在盟约之爱中将祂自己赐予我们，又在耶稣基督里借着祂的圣灵吸引我们，并在爱的团契中将我们与自己联合。神的恩典是无条件的。祂是一位盟约的神，而不是"契约的神"（contract-god）。我们不可将祷告视为一种法律义务，似乎是只有当我们履行这个义务后，神才会祝福我们。它乃是对我们父神满有喜乐的爱的回应。如果一位父亲对孩子说"如果……我才爱你"，他该是怎样的人啊？在神和人类中根本没有这种有附加条件的爱。我们常常将"契约"（contract）的概念读入"父"这个字中，从而造出一种善工的宗教，这并非恩典的福音。我们的主意识到，当谈论神时，将错误的族长概念（patriarchal concepts）读入"父"一字里面的危险（太二十三 9-12；十一 27）。祂要把这些概念从"父"一字中清除掉。当耶稣基督在十字架上取了奴仆的形象、我们得以成为慈爱父神所爱的儿女时，我们就借着注目耶稣基督得以知晓父神和祂的爱。

2. 我们唯独借着信心祷告

在祷告和无助中，我们将目光转移到圣父和我们的大祭司耶稣基督那里，因为祂为我们代求、与我们同在并住在我们里面；因相信祂的恩典，我们深信神会垂听并回应我们的祷告，从而使我们的意志降服并顺从神的旨意。付高德（Charles de Foucauld）所写的《祷词》（Prayer of Abandonment）很美地表达了这一思想：

父啊，我将自己放在祢手中：请祢与我一起做祢所命定的。

无论祢想做什么，我都感谢祢。惟愿祢的旨意在我里面成就，如在祢所有被造物中成就一样。

我的主，我不求他物。我将自己的灵魂交托于祢的手中：我以全心的爱将它交给祢。

主，我爱祢。所以，我需要以无比的信靠将自己交托予祢，降服在祢的手中，因为祢是我的父。

正是在这种信心和舍己的精神中，马利亚说："看主的使女：情愿照你的话成就在我的身上。"我们主在客西马尼园即将走向十字架时呈现的也是这幅完美的景象，降服自己而遵行父的旨意。那是教会祷告生活的完美典范。因此，当我们祷告"愿祢的旨意成就"时，我们降服自己、凭信心将自己交托在神的慈爱双手间，并相信神凭借自己应许的信实会回应我们的祷告。当我们在信心中祷告时，基督就接纳并洁净我们的祷告，使其成为祂对父的祷告，在祂里面将我们呈予父，使祂的祷告成为我们的祷告。

3. 我们在圣灵中祷告

"我们的软弱有圣灵帮助……圣灵照着神的旨意替圣徒祈求"（罗八 26–27）。当我们不知道如何做我们应该做的祷告时，圣灵在我们的祷告中打开我们的心，在我们的代求中引导我们。正如我们在《使徒行传》一、二章所见，在耶稣升天和五旬节期间，门徒祈求圣灵的临到；于是，正如彼得在自己的讲道中所说（二 33），已升天的主降下祂从父所领受的圣灵在门徒的身上。他们都求圣灵，就被圣灵感动而祷告。圣灵降临正在祷告的群体只能怪，创造了一个爱和祷告的群体（徒二 45），在基督的代求中享有君尊祭司的地位。我们不仅在对耶稣基督的委身的信靠中开始基督徒的生活、接受赦罪。我们被召乃是让我们所有的生命在信心中注目于我们的大祭司基督，从而让祂借着圣灵把我们每一天都升至祂祷告的生命中。信心意味着每日降服自己、虚己、让圣灵引导。《希伯来书》的受书教会起先指望耶稣基督和祂十字架的赦罪，此时却偏离了对神的信，随着对肉体错误的信心依赖他们自己的信仰努力和祷告，继而背道了。他们像旧约以色列一样危险，在离开埃及到应许之地的路上欢喜快乐，却在那时背离了神，结果在旷野中灭亡。因此，作者就勉励这些希伯来基督徒继续将自己的目光凭信心从自身转移至耶稣基督、他们的大祭司身上，让祂继续带领他们前往应许之地。于是，保罗在写给加拉太教会时说："你们既靠圣灵入门，如今还靠肉身——靠遵行律法——成全吗？"我们唯独借着信和恩典领受圣灵，不仅自基督徒生命的开端，也持续到生命的尽头。我们只能在圣灵中正确地祷告。当我们每日将自己交托给基督时，圣灵就降临在我们身上，基督也长远活着为我们代求，与我们一同祷告。

4. 在祷告中，我们被引到神神圣的同在中

我们的大祭司借着圣灵带领我们进入至圣所。"弟兄们，我们既因耶稣的血得以坦然进入至圣所，是藉着祂给我们开了一条又新又活的路，从幔子经过，这幔子就是祂的身体。又有一位大祭司治理神的家！……就当存着诚心和充足的信心来到神面前。"（来十19–22）我们并不是使自己成圣，而是在基督里被祂的十字架和祂的圣灵分别为圣，得以成圣。所以，我们的主大祭司在祷告中说："父啊，求祢按着祢名的大能保守他们。求祢用真理使他们成圣；

祢的道就是真理。我为他们的缘故，自己分别为圣，叫他们也因真理成圣。"（"成为圣洁"——约十七 16-19）为此，耶稣在最后的晚餐中应许在祂受洗、复活和升天后赐下圣灵，引导我们在爱的相交中进入父神圣的同在中。在登山宝训中，耶稣说："你祷告的时候，要进你的内屋，关上门，祷告你在暗中的父；你父在暗中察看，必然报答你。"（太六 6）当我们在祷告中与我们的圣父交通时，至圣所是我们自己心中的"内屋"。所以，保罗写信给以弗所信徒："愿颂赞归与我们主耶稣基督的父神！祂在基督里曾赐给我们天上各样属灵的福气；就如神从创立世界以前，在基督里拣选了我们，使我们在祂面前成为圣洁，无有瑕疵。"（弗二 3-4）"你们要圣洁，因为我是圣洁的"（彼前一 16）。我们不仅要在基督里，而且只能在祂里面才能在祷告中向主举起圣洁的手。"岂不知你们是神的殿，神的灵住在你们里头么？"（林前三 16）因着神的恩典，我们的身体就是圣灵的殿——在圣所以感谢向神献上祈祷。

耶稣会的礼拜仪式学者荣格曼（J. Jungmann）在他的重要著作《基督在礼拜祷告中的地位》（The Place of Christ in Liturgical Prayer）中已经说明，在新约和第三世纪前的早期教会礼拜仪式中，基督在基督徒的敬拜中被赋予了双重角色。一方面，祷告被献予基督，好像献予神一样。我们向父、子和圣灵祷告。但是，另一方面，耶稣基督被视为我们伟大的大祭司、我们的兄长，祂向父祷告、也为我们代求并带领我们的颂赞和祷告，将我们与这些一同呈予父。之后在"亚流—尼西亚之争"期间，亚流反驳基督神性的主要观点之一就是耶稣基督不可能是神，因为在福音书的故事中祂是一位向神祷告的人，正如在祂受洗、在山上、在最后的晚餐、在客西马尼园和在十字架上时所做的一样。当祂向神祷告时，祂不可能同时是神和人！亚他那修（Athanasius）反驳道："亚流，你并不明白恩典的意义！"我们向神祷告，祂知道我们想要祷告、试图去祷告，却不能祷告。因此，祂在耶稣基督里就近我们并代替我们成为我们的兄长，为我们并与我们一同祷告，且在我们的祷告中引导我们。透过耶稣基督和圣灵的恩赐、我们唯独借着恩典而祷告。因此，基督是真实的神、我们所祷告的神。与此同时，祂又是真实的人，这位为我们祷告、与我们一同祷告的伟大的大祭司。尼西亚教父借着对耶稣基督在敬拜和祷告中地位的理解在《尼西亚信经》中得胜了。但是，荣格曼指出，对亚流主义和亚流观点的担忧——将耶稣祷告中的人性与基督的神性对立起来——导致教会在强调基督神性的同时贬低了基督的祭司职分。其后果如何呢？教会和会众接替了人类大祭司和恩典之中保的角色，并添加了马利亚和圣徒的代替角色（vicarious role）。

由此我们可以理解，像加尔文和约翰·诺克斯这些改教家为何如此强调圣经，呼吁教会回归基督作为唯一祭司和君王的职分。耶稣基督既是我们敬拜和祷告的对象，又是我们敬拜的先行者，正如《希伯来书》所说的一样。加尔文在他的鸿篇巨著《希伯来书》注释中清楚地阐述了这一点。因此，改教家重新将教会解释为借着恩典在基督祭司的职分中得享君尊祭司的职分。尽管宗教改革如此强调，许多新教教义依旧十分强调我们敬拜和祷告——"信徒皆祭司"——以至于模糊了基督作为唯一祭司的职分。在强调基督在十字架上一次并永远担任祭司职分时，我们却忽视了基督持续的祭司职分。祂长远活着、为我们代求、与我们并在我们里面祷告，继而视祷告为我们所做的事（毫无疑问是对十字架的回应）。我们需要恢复恩典和祷告之三位一体性的本质，即祷告是透过圣灵参与唯一的中保耶稣基督的祷告的礼物。"我劝你，第一要为万人恳求、祷告、代求、祝谢……这是好的，在神我们救主面前可蒙悦纳，祂愿意万人得救，明白真道。因为只有一位神，在神和人中间，只有一位中保，乃是降世为人的基督耶稣；祂舍自己作万人的赎价……"（提前二 1–6）

挑旺灵火

1. 自升天以来，基督的人性发生了什么变化？祂如今在做什么？

2. 在与基督一起为我们代求中，圣灵扮演着何种角色？

3. 当我们不能做我们应做的祷告时，神如何借着基督解决我们的失败？

4. 是什么东西致使我们视祷告为"法律义务"？定睛神在基督里无条件的爱如何将祷告从义务转变为喜乐？

5. 在祷告和基督徒的整个生命中，我们将目光从自身转移至基督耶稣身上有何重要意义？

6. 我们怎样向耶稣祷告又与祂一同祷告？

7. 请阐述雅各·托伦斯所指的"恩典和祷告的三位一体性本质"。

导 读

✧ 只由耶稣基督的事工才能正确塑造并决定我们的事奉。

✧ 除了耶稣基督的事工，没有任何事工可以被神悦纳或拓展祂的国度。

✧ 教会被呼召是为了向神敞开她的生命并降服于祂，从而当她存在并服侍的时候，神自己就在基督里藉着并透过她存在、说话并牧养，向世人彰显祂自己。

✧ 尽管我们竭尽所能，却不能凭自己的能力生发那唯一能维持、点燃和成全我们事奉的爱。因为爱是源自神的恩赐。我们需要在祷告中祈求爱。并非一次或两次的祈求，而是每一天都要祈求。

✧ 在讲道和牧养的事奉中，我们不敢将关注导向自己，引向我们的讲道或演讲技巧。如果我们这么做，就会将听众的注意力从基督那里转移，继而阻碍福音事工。我们的目标是，必须要将众人的注意力自始至终引向具有三位一体本性的神。

✧ 当我们不祷告的时候，我们就没有效法基督，也无份于祂的事工和信徒所遭遇的困苦。

第五章 有份于基督的事工
大卫·托伦斯（David Torrance）

多年的牧养经历强化了这篇文雅而强有力的文章。大卫·托伦斯表达了他对教会伟大呼召的爱慕。教会在神对世界的事工中（God in his ministry to the world）代表神。教会为此被召向神敞开她的生命，并将她自己降服于神。因此，当教会被建立并服侍的时候，神自己就在基督里藉着并透过教会存、说话并牧养。虽然这种事奉属于全体教会，但是大卫·托伦斯采用了独特的视角来看牧区牧者的事工。因此，这里体现了一个牧者敞开的心扉，正如他呼吁信徒在生活中每时每刻都活出更深的爱、祷告和怜悯。这篇文章为普通信徒和事奉者提供了许多实用性建议。

当耶稣在复活后第一晚于马可楼房与门徒相见时，祂说："愿你们平安！父怎样差遣了我，我也照样差遣你们。"说了这话，就向他们吹一口气，说："你们受圣灵。你们赦免谁的罪，谁的罪就赦免了；你们留下谁的罪，谁的罪就留下了。"（约二十21-23）

我们根据耶稣对门徒的使命委托可以清楚知道，教会的牧养事工是神的命令。这与耶稣基督在升天前那一刻所说的相符（太二十八18-20；可十六15-16；路二十四48；徒一8）。同样显而易见的是，在践行事工的过程中，教会被吩咐去做与耶稣相同的事工。换言之，教会的事工不能主要由教会所想所决策的或教会内外之人的需求来指导或决定，无论这些需求有多么重要，或满足这些需求有何等重要。只有耶稣基督的事工才能正确地塑造并决定我们的事奉。对事工的任何严谨思考一定始于对耶稣基督事工的思考。

教会中的事工首要的是三一神的事工。作为神最卓越的牧者，耶稣的到来并非要引入属于祂自己的新事工。祂来是要彰显并做神的事工。当神的道成了肉身时，耶稣实现并成全了神救赎世界的目的。通过祂的道和圣灵，神在以色列漫长的历史中已经向他们显明了自己，并呼召他们进入与祂自己的相交中。在以色列中并透过以色列，神呼召了这世界。圣经启示了荣耀的救赎，就是神赐给不配且罪恶的人们和这世界的救赎。耶稣使这个赐予变为可能并且生效。透过祂代替性的生活、死、复活和升天，祂为这世界赎罪，胜过了辖制众人的黑暗和地狱的权势，得胜地高升至万有之上，现在以慈爱和能力将众人从罪的权势下拯救出来。祂将自己公义的生命赐给他们，从而他们披戴这生命得以与圣父和好，在祂的国度中与基督同作后嗣。耶稣总括并成全了神救赎的事工。

描述神的方式和祂在基督里被成全和彰显之事工的方式极其重要。因为神在基督里事工的方式和形式决定了教会事工的方式和形式。

圣经的画像

圣经以最动人的笔墨描述了神和祂救赎这世界的旨意。它将神描绘为渴望得到这罪恶的世界，拒绝丢弃它，决意要赎回它，并采取积极的措施救赎它。它将神刻画成圣洁、公义和完全的爱。祂恨恶并审判罪恶，然而却以永远的爱始终爱祂的百姓和这世界。当祂的百姓悖逆祂时，祂在爱中管教他们；当他们犯罪的时候，祂向他们显出恒久的忍耐。祂永远仁慈、无尽宽恕和信实。

圣经以各式各样的图像来诠释这位慈爱的神。它将神描述为一位慈爱的父亲，将自己的子民从埃及呼召出来。祂抚养他们，"一路上如同父亲抚养儿子一般"，经过旷野，直到他们到达应许之地（申一31）。

圣经将神描述成一位慈爱的牧者，日夜看顾祂的百姓，保守他们，保护他们，祝福并引导他们到应许之地的青草旁。作为一位牧者，神给予他们所需和安慰，温柔地带领他们行在正路上，体贴地将幼小软弱之人抱在怀中。神确保每次行程都与他们的能力相符。

圣经将神描述为祂为陷在罪中的百姓悲伤，与他们共同经受祂对他们的管教，安慰他们，告诉他们不必害怕。因为对祂而言，他们甚为宝贵。当他们遭遇生活的试炼时，祂始终与他们同行。

圣经将神描述为以色列的丈夫，祂与以色列立了永远的婚约。即便以色列的行为如同犯了淫乱的妻子，跟随其他爱人，敬拜其他神祇，神也不离开她。祂不会撇弃她，也不会丢弃她。神首先呼召的百姓就是以色列。他们成为全人类的例证。藉着呼召他们，神过去、现在都在呼召人来分享祂伟大的救赎。藉着祂对以色列慈爱的接纳和态度，我们看见了祂对世上万国慈爱的接纳和态度。

耶稣：最清晰的画像

耶稣以更为清楚的方式启示了迄今为止已启示的所有关于神的事和祂奇异的爱。祂彰显并成全了神救赎世人的旨意。祂这么做并非仅仅透过祂所说所教导的，也并非只是藉着祂怜悯医治的事工，亦非单单藉着祂赎罪的生命、死、复活和升天。祂在自身里面并藉着祂自己启示了神。因为耶稣基督曾经是、现在也是神，是神的儿子。耶稣是"神荣耀所发的光辉，是祂本体的真相"（来一3；参西一13）。耶稣说："人看见了我，就是看见了父；我和父原为一"（约十四9；十30）。

同样，祂在和好的工作中与父为一。正如保罗所说，"神在基督里，叫世人与自己和好"（林后五19）。耶稣说："我做我父的事……父在我里面，我也在父里面"（约十37–38）。

我们不能将耶稣的言行与祂自己割裂。因此，耶稣作成这和好的工作不但藉着祂自己来到世上、生活、死亡、又复活并升天到父那里，而且祂在自己里面并藉着祂自己作成这工。从神那一方而言，祂自己就是神，祂在自身中向世人代表了神。在耶稣里，我们会遇了神一切的丰盛。同样，当耶稣自己取了人的血肉之躯，祂如此将自己等同于众人以致于祂成了我们的代表。祂在自身中向神代表了人类。作为神和人，耶稣为这世界的罪赎罪，使神与人和好，在自身中将他们联合。

启示与和好的事工

如此，耶稣的事工就是藉着圣灵的启示与和好之工。启示与和好是祂事工的组成部分和中心。就此而论，它们必须是教会事工的组成部分和中心。

基督在祂事工的始末总是行在爱中。我们不能像很多人试图说的那样，说"爱就是神"。这种宣称并不合乎圣经，试图去除神的位格。我们可以并且必须要说"神就是爱"。爱属于神位格特性的奥秘。神所做的一切都是在爱中而行。祂在主权的爱中与以色列和这世界立约。祂在爱中救赎以色列，将她带到应许之地，看顾她，保护她并祝福她。当以色列犯罪违背神时，神总是在怜悯和慈爱中审判、管教她。

在新约中，神的爱在耶稣基督里完全地倾倒出来。祂的爱体现于两个词上——耶稣基督。耶稣所有的言行都带着怜悯和爱。在怜悯和爱中，祂教导并开启人的悟性去明白神的事，满足了每个人的需要，安慰沮丧的和跌倒的，医治患病的，使瞎眼看见、聋者听见、哑巴开口、麻风患者得洁净、死人复活。祂过去是、现在依然是好牧者。

耶稣的道成肉身、死、复活和升天就是"神就是爱"的铁证。"主为我们舍命，这样，我们就知道什么是爱"（约壹三16）。"惟有基督在我们还作罪人的时候为我们死，神的爱就在此向我们显明了"（罗五8；参 约三16–17）。

教会的事奉

教会在她的事奉中被呼召作为神对这世界事工的代表，通过两个方式得以体现。教会被呼召去效法基督事工的模式，学习基督的榜样。耶稣说："我给你们做了榜样，叫你们照着我向你们所做的去做。"（约十三15）保罗对哥林多基督徒说："你们该效法我，像我效法基督一样。"（林前十一1）

同时，藉着圣灵，教会被呼召有份于基督自己的事工，并非其它事工，也不是教会自己设计的事工，乃是基督的事工，借此有份于三一神的事工。除了耶稣基督所做的事工，再无任何其它事工能被神悦纳、拓展祂的国度。靠着恩典、藉着圣灵和神的道，我们有份于那个事工。

教会被呼召是为了向神敞开她的生命并降服于祂，从而当她存在并服侍的时候，神祂自己就在基督里藉着并透过教会的存在、说话并牧养，向这世界彰显祂自己。藉着圣灵和神的道，复活的基督又屈尊在教会里施行祂自己的事工，从而教会有份于基督的事工，教会又靠着恩典成为祂启示与和好的管道。在这样的处境下，路加在他的福音书记述了"耶稣开头一切所行所教训的……直到以后被接上升的日子为止"（徒一1–2）。之后，又在《使徒行传》描述了这位高升的基督借着圣灵的能力在初期教会的生命中并藉此生命继续祂的事工。当任何能扩展祂国度之事被成就的时候，这正是复活的主在祂的教会并藉教会所做成的。基督"为教会作万有之首，教会是祂的身体"（弗一22–23）。

　　教会一旦在她的事工中不重视透过圣灵和神的道坚定地持定基督、有份于基督的启示与和好之工，那么她就没有与神同行，乃是行在对圣灵和道的不顺服中。对于那些被呼召在教会里事奉的人也是如此。基督的教会必须是宣教和传福音的。

　　事奉属于整体教会，并非简单地属于教会中为特定事工被按立的那些人。耶稣颁布传道并领人作门徒的使命以及赐下祂同在的应许是针对每个时代跟随祂的人。"所以，你们要去，使万民作我的门徒，奉父、子、圣灵的名给他们施洗，凡我所吩咐你们的，都教训他们遵守，我就常与你们同在，直到世界的末了"（太二十八19—20）。

　　如果把这个使命解释为并非针对所有信徒，那么就是不符合圣经了，也不利于教会的生命和事工。教会被呼召并被建造为"祭司的国度"（kingdom of priests），其中每个人都有份于基督所委托的福音事工。当事奉只属于少数为特定事奉被呼召的人时，那么教会就失去了许多或大部分宣教异象，也就在很大程度上停止了增长。令人悲哀的是，这种情况在当今西方教会中相当普遍。重新聆听基督的使命对全教会尤为重要。接受这一使命，恢复传福音和宣教的异象，并成为神呼召她要成为的"祭司的国度"，并为这世人代求。

　　因为早期教会将基督颁布的使命解释为应用于全教会，所以教会就快速地增长并扩大。整个信徒团体所实施的乃是一个宣教运动。当逼迫爆发的时候，例如当司提凡殉道时，那些逃避逼迫的信徒就将福音的好消息带到他们所去之地。他们与所有可听见之人分享这个福音，教会就更持续地增长。这就好像有些人藉着播撒灰尘来试图扑灭火焰。无论灰烬落在何处，新的火焰就燃烧起来。这就好比福音首次传入罗马的情形。罗马教会并非由教会特别的领袖建立，乃是那些逃离逼迫之烈火的普通信徒所建立的。

特别的职分

在交托给全教会的事工中，有些人被呼召去做讲道、教导、执行圣礼并牧养信众的特别职分。他们被呼召在全教会的事工中事奉，并帮助全教会拓展她的事工。他们顺服神的命令去行。所有的事奉都归于祂。唯独祂才呼召并命令众人去服侍祂。

神的呼召时常会令那些祂所会遇的弟兄姊妹惊奇。他们真地感到自己不配。在燃烧的荆棘前被神挑战的摩西以自身的软弱无能和缺乏口才为借口。耶利米呼叫说："主耶和华啊！我不晓得说话，因为我年轻。"（耶一6）耶稣对祂的门徒说："不是你们拣选了我，是我拣选了你们，并且分派你们去结果子，叫你们的果子常存。"（约十五16）

拥有神的呼召和命令是所有被呼召成为牧者之人得安慰和力量的源头。我相信，没有任何一份工作比事奉更得奖赏或更令人满足。不过，事奉可能会十分艰难，因为我们活在罪恶的世界，试图去牧养这些并非总是愿意接受福音的人。我们因所面对的困难而没有选择去事奉（至少在起初之时）就成为任何一位福音的牧者持续事奉的力量源头和必需的激励。因为是神拣选并呼召了我们。神的呼召和命令坚固了我们的事奉，并在逆境中赐我们力量、勇气和喜乐。

同时，由于我们都是罪人并被引诱至怠惰，认识神的命令和我们必须向祂交账的事实能帮助我们在呼召上尽忠殷勤。

我相信，在事奉中没有比教牧更令人满足，也没有比教牧在属灵上更激励人并更坚固牧者自己的信心。与别人沟通，看见神在他人生命中做工，看见他人属灵上的成长或开始活出在基督里得救的信心。第一次出现这些的时候十分鼓舞牧者并令其感到满足，尤其是当牧者在神带领下有份于那工作时。教牧事工使牧者和会众紧密联系在一起。不过，教牧和探访事工是十分劳累的。牧者常常因为身体疲倦或其它工作和压力就倾向于忽略教牧事奉和牧养探访。这很可悲，并可能导致牧者和会众属灵上的匮乏。

爱

因为教会被呼召成为神对这世界事工的代表，所以教会总要以爱心行事。只有行在相同的爱中并彰显与基督对众人相同的谅解和温柔的怜悯时，教会才能代表神，显明并有份于基督的事奉。没有比教会里面的争吵和分裂更伤害教会的事奉、阻碍圣灵的工作。圣灵是仁爱合一的灵，衪只在有爱和基督里合一之处做工。

这对教会中所有人和每位牧者都是极大的挑战。如果没有爱，我们就不能完成事奉的呼召：我们不能忠实地在衪圣洁和对众人或世界的爱中代表基督。我们很容易变得不耐烦，行事说话缺乏爱。在米利巴，摩西和亚伦在以色列众人面前歪曲了神的圣洁、爱和忍耐。因此，神不允许他们进入应许之地。主对摩西说："你也必归到你列祖那里，像你哥哥亚伦一样。因为你们在寻的旷野，当会众争闹的时候，违背了我的命，没有在涌水之地、会众眼前尊我为圣。"（民二十七13-14；参申三十二50-52）

正如摩西和亚伦犯罪一样，我们是否也经常犯罪，歪曲在基督里的神？尽管我们加倍努力，我们不能凭自己生发那唯一能维持、点燃和成全我们事奉的爱。因为爱是来自神的恩赐。我们需要在祷告中祈求爱，并非一次或两次的祈求，而是每一天都祈求。我相信，作为牧者，我们需要每天为一些事祷告。我们需要每天祈求神赐给我们爱的恩赐，更多地赐下，从而我们可以像基督一样去爱，无差别地爱我们的家人、会众和每个人。一位罗马官员写信给在罗马的长官，说："这些基督徒是多么彼此相爱啊！"真希望当代教会和我们每一位牧者都能如此说！

正如启示与和好是神在基督里事工的中心、是教会事奉的中心一样，它们也必须是教会讲道和教牧事工的中心。"一切都是出于神；祂藉着基督使我们与祂和好，又将劝人与祂和好的职分赐给我们。这就是神在基督里，叫世人与自己和好，不将他们的过犯归到他们身上，并且将这和好的道理托付了我们。"（林后五18-19）

显明神

我们被呼召的目的是，藉着神向以色列和世界启示自己并在基督里启示自己的整全方式显明神。我们被呼召是为了显明祂是一位圣洁和公义的神，一位怜悯和慈爱的神。祂行了伟大的救赎，并白白地将这救赎赐给凡接受祂、祂的爱和救赎的人。

我们被呼召是为了显明神祂自己在基督里是救赎者。以这样的方式认识神并非简单去了解神所说、所教导或所做的。所有这些都非常重要。若没有祂藉着基督在历史中所说所做的事，就不可能对神有真正的认识。认识神祂自己是救赎者就是在圣父、圣子和圣灵三位一体的本性中认识祂。以这种方式认识祂就是生命本身，即永生。

作为一位施行拯救的神，强调神在祂三位一体本性中的位格身份对事奉有深远的意义。因为讲道和教牧的目标主要不是去论说神，也不是主要去告诉众人该做什么（我们作为牧者会准备好这么做！）。我们的主要任务是呈现作为圣父、圣子和圣灵的三一神。我们希望众人在耶稣基督里与神面对面相遇。我们希望他们藉着圣灵看见神的荣耀、光辉和爱，得到祂的赦免，经历祂的拯救，从而进入与祂的团契中。

在讲道和牧养的事奉中，我们不敢将关注点导向自己，导向我们的讲道或演讲技巧。如果这么做，我们就会将听众的注意力从基督那里转移，继而阻碍福音事工。我们的目标必须一直要将注意力引向具有三位一体特性的神。施洗约翰说："祂必兴旺，我必衰微"（约三30）。我们要不住祷告的是，藉着讲道和敬拜，正如在教牧关怀中，众人可以深深地意识到神的同在，听见神在爱和救赎的大能中对他们说话。我们希望众人在基督耶稣里亲自与神相遇。正如保罗在《加拉太书》三27说的，我们被召是要"披戴基督"。

我们渴望众人能在基督里与神相遇。因此，我们必须总要争取靠近众人所在的处境。我们必须要在爱中尽量理解他们。若可能，就想他们之所想，面对他们所面对的世界。这包括我们在基督里爱他们，并倾听他们分享自己对人和事物的理解与经验，以及倾听他们对神的认识。这需要我们持续祷告、做好时机成熟时隐退的准备，并知道何时隐退，为要使信徒可以与神独处。这并非易事。但是，我们学习与信徒一同成长，正如我们在祷告中不断就近基督一样；我们也敏锐地觉察信徒的需要。我们的愿望是他们本人在耶稣基督里与神相遇。

祷告的事奉

耶稣的事奉是一个祷告的事奉。祂时时祷告。在拣选十二个使徒前，祂彻夜祷告（路六12–13）。在试验的时刻，祂为使徒祷告（可六46–48）。祂为西门彼得祷告，叫他的"信心不至失落"(路二十二31–32)。祂为那些钉祂十字架的人祷告（路二十三34）。祂长远活着为我们祷告（罗八34；来七25；约壹二1）。

对我们而言，透过圣灵有份于基督耶稣的事奉包括了祷告生活和与基督相交。只有基督才能改变人，赐给他们新的悟性，在他们里面创造对神的渴慕和爱，又赐给我们恩典，帮助我们牧养他们。我们始终需要完全仰赖基督，这样才能在事奉中有效地工作。

当不祷告的时候，我们就没有效法基督，也无份于祂的事工和信徒所遭遇的困苦。我们的事奉就失去了果效。人们可能被我们或教会吸引，但他们却没有被吸引到主那里。生命并没有改变。我在牧区探访中发现，在敲开每扇门和每一次教牧关怀会面之前，无论多么简短的祷告都很重要。

如保罗一样，我们的目标是，耶稣基督被钉十架并复活已经"活画"（加三1）在我们众人面前。卡尔·巴特教授过去常常对他的学生说："除了基督耶稣这个人，我知道没有神。"在人性的耶稣里，我们在神丰盛和救赎的大能中与祂自己面对面相遇。在耶稣里，我们遇见救赎的神。因此，我们在事奉中要一直追求帮助众人知晓耶稣基督，遇见祂并认识祂，认识祂就是永生。

每次给教会成员上课时，我都努力强调耶稣基督在我们对神的认识中的核心性。我尽力强调，无论在什么时候聚集敬拜神、无论在什么时候祷告（公开或私下），我们应该力求明白福音中的耶稣真的就在当中与我们说话。因为祂的同在就是神的同在。耶稣收取我们的敬拜和祷告，洁净它们，使它们分别为圣，并将它们联于祂自己的敬拜和祷告，同时将它们献给父神。凭此我们的敬拜被悦纳，我们的祷告被垂听应允。

赖恩得救

我们所见证的福音是恩典的福音。救恩是恩典的礼物。一般人很难明白或接受救恩并非我们能做成的事或赚取的奖赏的看法。这是神恩典的礼物，在我们接受基督的时候就得着了。它不能与基督的位格分离。这在我们讲道和教牧事工中必须要时刻浮现在眼前。

藉着接受神恩典之礼物的救恩，我们被彻底地改变了。除非在这过程中改变，否则我们不会也不能得到神的救恩。对神真正的认识绝非停留在智力层面。对神真正的认识是实践性的，包括祷告和顺服。只有将自己的生命向神敞开、在认识祂过程中效法耶稣基督并在基督里与祂联合，我们才能认识神。那样的认识包括了谦卑、聆听、顺服并将我们自己降服于神。这包括了我们整个人。正如耶稣所说："人若立志遵着祂的旨意行，就必晓得这教训或是出于神"（约七17）。只有在顺服祂并效法基督时，我们才能认识基督。

因此，真正的讲道必须是神学性的，因为它是在神的爱和拯救世界的定旨中呈现神。它必须也是实践性和福音性的，因为它呼召众人在顺服中回应，接受基督、效法基督、顺服并服侍祂。这一重点同样适用于教牧事工，正如我们在自己面前持守福音的内容和本质，就是我们力求使他人能明白的。

正因为祷告的重要性，所以我们一定要鼓励信徒祷告，并教导他们如何奉耶稣的名祷告。这样，他们不但可以听见并接受福音，而且可以进入基督救赎的喜乐中。令人悲哀的是，现今许多人从未祷告，许多人又不知道如何祷告。在这种处境中，讲台上对祷告的宣讲常常是不足的，听牧者在讲台上祷告也是不够的。我们需要教导他们。作为牧者，我们个人必须准备好与他们一起祷告，与他们同声祷告，在神面前代表他们、他们的需要并它们所爱之人的需要。除非在教牧事工中切实地为他们祷告并与他们一起祷告，否则我们很难想象他们如何通过其它方式学习祷告。当他们听见我们与他们一同祷告、祈求他们的需要时，他们就靠着恩典学习祷告。

和好的事奉

对和好的关注一定会影响我们的讲道。好像彼得在五旬节那天一样，我们一定要做好准备呼召人悔改、接受基督作为救主并受洗。彼得的讲道成为我们讲道的榜样。

同样，对与神和好的关注一定会引导我们所有的教牧工作。在探访、谈话和与信徒一同祷告时，我们迫切的关注必须是他们与神和好，并且藉着和好在恩典、顺服和信心里成长。我们对会众的探访常常成为例行公事。这可能变成一种纯粹的社交性探访。在这过程中，我们以一种社交的方式了解并帮助信徒。社交性探访和与信徒的友谊对有效的事奉十分重要，也很必要。然是，如果我们的探访仅限于此，如果我们无法将信徒的眼光和心思提升至基督那里，如果我们无法尝试帮助他们进入与神持久的救赎性关系中或帮助他们在这种关系中成长，那么我们的事奉就是失败的。我们就不是羊群真正的牧者，而陷在圣经所说的"假牧羊人或雇工"的危险中。他们甘愿撇下羊群，让它们听天由命，没有神的救赎。圣经对羊群的假牧羊人有许多论述。

现今特别重视辅导（counselling）。在我们的大学里有辅导课程。在大学里，人们被训练成为专业的辅导师。现今，辅导几乎在每一个生活情境中都受欢迎。它有很大的价值。我们十分感激通过辅导所掌握的所有新的洞见和技巧、以及提供给有需要之人的一切。然而，辅导师的工作和牧者的工作截然不同。牧者乃是靠着神的恩典努力参与基督对祂百姓的事工中。我们不可将二者混为一谈。如果我们牧者的工作不能超越辅导的工作，如果我们在教牧工作中没有以祷告努力帮助信徒建立对耶稣基督的个人性信心、享受祂的救赎和基督徒的事奉，那么就当今广为接受的意义而言，我们可能是好的辅导师，但是我们在事奉上是失败的。基督的事奉是我们的模范，是唯一可以建立或拓展神国度的事奉。我们被呼召成为牧者，有份于基督的事奉，并奉祂的名去呼召百姓与神和好。这方面再怎么强调都不为过。

事奉的时机

某些特定的时机为事奉提供了很好的机会。正如基督通过浸礼和主餐礼的奇妙方式进行事奉一样，信徒为这些圣礼所做的准备工作是建立基督教会的最有效方式。父母被婴儿的出生深深地触动，常常公开接受福音。教导父母明白浸礼的意义和神赏赐他们孩子的神恩，教导父母需要在孩子出生时就跟他们一起祷告，鼓励他们面对神所赐的做父母的职责可以帮助许多人更好地融入教会的圈子中。对主餐礼的教导、信徒为他们第一次圣礼所做的准备是建立信徒的信心和教会的扩展的特别机会。

同样，婚礼、疾病、事故、死亡和丧亲之痛的时刻使牧者与他们的信徒之间更加亲近。人们会回应他人的谅解、友善和怜悯，常常准备以在生命其它时刻不会敞开心怀的方式聆听并接受福音。在生命这些转折点上，许多人开始信靠基督。牧者必须"务要传道，无论得时不得时……用百般的忍耐，各样的教训"（提后四2）。

为牧者祷告

作为一位努力多年要成为教会信徒的牧者和福音的传讲者的人，我根据自己的经验提供了以下几个建议：

*每天为爱的恩赐祷告。*为基督的爱会更多地赐给你而祷告，从而你会爱你的会众，就好像基督爱他们一样。为你会爱每一个人并爱你婚姻和家庭中的伴侣而祷告（如果适用的话）。我们没有一个人可以像耶稣那样去爱。我们需要不断地、每天为更多这个恩赐而祷告。这样，爱的恩赐就会以美妙的惊喜而临到：过了一段时间之后，我们发觉神以恩典回应我们的祷告并赐给我们祂爱的恩赐。

我们毕竟是人。我们对教会和事工的理解常常与圣职人员和圣职工作不同，或者我们在会众中可能会经历与他人在性格上的冲突。为我们能在基督里彼此相爱而祷告是多么重要啊！爱会将平安和喜乐带进我们和他人的生命中，它会创造一个唯独圣灵才能做工的情境。

为效法基督的样式而祷告。在1630年舒特兹（Shotts）复兴中被神大大使用的牧者约翰·李文斯顿（John Livingstone）认为，活在祷告中并让神将他的生命与祂和好比花时间准备讲章更为重要。对于大多数牧者而言，没有花大量时间去准备讲章会是一件危险的事情。然而，当我们的生命与神和谐并且我们与基督和睦时，我们的事奉会更有效率。这是毫无疑问的。李文斯顿的事奉证明了这一真理，这也是我们许多人将会证明的事情。

为被圣灵充满而祷告。复活的主向祂的门徒颁布使命，让他们出去为祂做见证，"在耶路撒冷、犹太全地和撒玛利亚，直到地极"；祂告诉他们首先要等候直到"圣灵降临在你们身上"（徒一8）。因为那时候，门徒会得到能力，从而更有效地做见证。作为牧者，我们每天都需要祷告，祈求我们重新被大能和仁爱的圣灵和基督对这世界的得胜所充满。

为成为一个好的聆听者而祷告。每个人都需要与他人交谈、被人聆听，让人了解他们的难处和所关心的，并同情他们。每一个人都需要并希望得到这些。作为基督徒，我们被呼召去聆听世人的难处，去了解他人的需要。这样，我们才可以帮助他们在基督里找到他们所求的答案。我们自身没有什么答案可以给予的。基督可以解决我们所有的难处。信徒需要教会，需要我们这些牧者在基督的同在中亲切、同情地陪伴他们，从而他们可以把自己的难题放在基督脚前，因为基督曾说："凡劳苦担重担的人可以到我这里来，我就使你们得安息"（太十一28）。

为智慧和实际的洞察力祷告，为要懂得在每一个处境中该说什么做什么。当保罗在监狱中为年轻的教会祷告时，他祈求他们在对神的认识和爱上能不断成长。但是，保罗也为他们能有实践的智慧（practical wisdom）而祷告，让他们知道在日常生活中应做之事。作为基督徒，我们一直需要这种实践的智慧，因为我们参与教会的生活和事工。我们需要知道在教牧谈话中该说什么、何时说。我们需要一种智慧，它并非天然属于我们的，也不属于这个世界。这是神应许赐给凡在信心中祈求之人的智慧（雅一5）。假如我们这些牧者更殷勤地祈求神的智慧，那么我们的事奉将会多么地不同啊！

· *为勇气祷告*，总能讲正确有益的话，总是见证基督。彼得和约翰被捕后被带到公会面前。他们被威胁禁止"不可奉耶稣的名讲论教训人"（徒四18）。然而被释放后，他们并没有祈求自己可以避免更多的逼迫。他们祈求能忠心传扬基督的勇气，即便是在面对逼迫的时刻（徒四29）。在事奉中和作为一个基督徒，我们时常错过神所赐去见证基督的宝贵机会，错过传讲神当时要我们传讲的。这都是因为我们害怕别人会如何作想。我们缺乏在基督里的果敢。

为神在基督里以怜悯的方式行恩典的神迹而祷告，为神摧毁罪和不信的阻碍而祷告。这些阻碍使人远离祂，远离祂救赎的喜乐。唯独基督能使瞎眼看见，能让冰冷的心接受福音。我们需要懂得并相信，当教会忠心并祷告时，神就愿意并会如此做。当耶稣回到祂的家乡拿撒勒的时候，我们读到："因为他们不信，就在那里不多行异能了"（太十三58）。可悲的是，现今似乎常常是因着我们的不信，神就不再行大有能力的工作。我们需要为信心祷告，相信神在当代会透过我们的事奉行神迹。基督教的整体信仰就是神迹性的。

当神隐藏的时候，除了透过信心就再没有其它的方式可以认识神。因此，我们要期待神迹，并祈求神迹。

教牧性提问

在教牧事工中，我们要非常柔和地提许多问题。我过去在事奉中时常使用这些问题，并发现很有帮助。我并没有发现在我提问的时候他们感到介意或认为受到攻击。我经常发现他们有某种程度的释放，并感激我向他们所提问的。

"你祷告吗？" 现今许多人没有祷告，或发觉祷告十分困难。除非了解他们的难处和在属灵上哪方面的停顿，否则我们很难帮助他们。当他们发觉很难祷告的时候，我们以一种清楚简易的方式给予他们我们所能的帮助。这是十分正确的。圣经中有关祷告的经文，尤其是《诗篇》，是很有裨益。圣诗亦如此。我们可以建议他们去读一些经文段落或圣诗，并让这些成为他们的祷告。有时候，引导人明白为了什么祷告就已足够，然后让他们自己向神祷告。信徒有时需要更多实际的帮助，需要牧者与他们一起祷告。在他们进步到可以自己祷告之前，常常是一句一句地跟着牧者祷告。据我自己的经验，或许是由于在很大程度上倾向于不信，知识分子时常在第一次就要求跟着我一句一句地祷告。随后，他们可以自己继续祷告。我发觉，教育程度低的人常常比知识分子更能自行做第一次的祷告。

在进行家庭探访或在医院探访时，我发现作为一位牧者很有价值。抓住每一个时机与信徒一起祷告。根据我四十多年的事奉经验，如果我们祈求将信徒的境遇交托给神并祈求神祝福那位信徒和他

（她）的家庭，即使在非教会会员中，这样的祷告很少不受欢迎的。在医院里，面对疾病时或在手术前，这样的祷告尤其受欢迎。

如果没有在家里或医院里与信徒一起祷告，那么我们就没有提供理应给予的属灵的帮助和鼓励。这也使我们以实践方式教导他们如何祷告变得更加困难。

如果我时常问"你祷告吗？"，我会再补充地问"**你在祷告中说什么？**"比如，"你会感恩吗？"感恩在基督徒的生活中尤为重要。信心首要是感谢神在基督里为我们成就的大事，并且现在依然在做事，将来也会做。除非我们献上感恩并教导我们的信徒时刻感恩，否则我们和他们的信心就不会相应地成长，我们也不会理所当然地认识神的爱。

关于祷告，我总是问："**你有祈求神的赦免吗？**"你有发觉这很困难吗？你有时常这么做吗？你能赦免他人吗？你能祈求他人对你的赦免吗？你能赦免你自己吗？我发觉没有任何人曾介意我问他们是否祷告（我在四十年间问过成百上千人这个问题）。相比之下，当我们问赦免的问题时就不一样了。在问后一个问题时，我发现气氛会骤然剧烈改变。根据我的经验，大约二十个人中会有一人表现出愤怒。我相信这并非针对牧者，而是针对神或者其他人。这种愤怒源自从未忏悔的罪和一直被压制的伤害。

在这些情况下，我时常会问："*问题出现在哪里？*"在那一刻，教牧探访就真正开始了。我尽可能地以一位亲切温和的牧者将那人引到神在基督里的爱和赦免。我会努力将他（她）的心思引向相应的不同经文。若是赦免的祷告，我时常邀请那人去读《诗篇》五十一篇，并让它成为他对神的祷告。在需要赦免的时候，《圣经》中很少有经文比这处对人更有能力、更有帮助。通过使用这篇诗篇作为祷告文，我见到了他人生命彻底的转变，悔改信主。

我还会问："*你有为其他人祷告吗？*"你能说你为他人祷告多过为你自己祷告吗？更多地为他人和基督普世的国度祷告是对我们基督徒品格的重要检验。

同样重要的是要问："*你有读《圣经》吗？*"你有没有发觉很难去读和明白《圣经》？重要的是，信徒要知道《圣经》是神与祂子民相遇的地方；如果带着祷告并以正确的方式阅读，他们将会在基督里与神相遇并听见神与他们说话。我们需要给信徒大量实际的帮助，使他们能有益地去做此事。

我长期以来一直感到，牧者到首要职责之一就是教导并鼓励信徒去祷告和阅读神的话。如果他们真的每天阅读并默想神的话，他们将会在基督里稳步成长，并藉着圣灵懂得超过我能教导他们的事。

同样，我会问："*你有固定地参加教会的敬拜吗？*""你有觉察到神的爱吗？""你有发觉神呼召你去事奉祂吗？"对这些问题的回答会引致更深入的教牧谈话，进而给予更多建议性帮助。

作为一位牧者，我在教牧谈话中时常发现，虽然一个人可能信靠神，但是似乎总有一些事物阻止那人在主里继续成长。在这样情形下，我时常会问："*你有愉快的童年吗？*"我发觉鲜有比这更值得提问的问题。我从未发觉有人因我这个提问而动怒。我时常因得到的答案而感到深深地不安。当我们自己有一个快乐的童年时，我们倾向于认为教会中每一个人，甚至是社会中每一个人，都有一个快乐的童年。这种想法真是大错特错！许多人在童年时遭受了十分悲哀的境遇。我们只要思想一下婚姻破裂的数量和这些对无数孩子所造成的影响就会明白。远超我们所想的是，许多孩子受过虐待，甚至是性虐待。他们小心翼翼地隐藏着早在孩童时期受到的伤害。许多人产生了委屈并再也不会原谅那些曾经伤害他们的人。在这些伤害被交托给神并且这人学会宽恕之前，他们不会得享神的平安或经历赦免那些人的罪的喜乐。温和亲切地提出"你是否有一个快乐的童年？"可以开启给予重要教牧性帮助、接受医治的大门。

使徒保罗以一种显著的方式体现了基督的事奉，并且为所有被呼召去做讲道和教牧事奉的人设立了一个极具挑战性的榜样。希望我们所有人都能说出如保罗所说的事奉！我引用他《帖撒罗尼迦前书》中的一段话作为结束。"我们向你们信主的人，是何等圣洁、公义、无可指摘，有你们作见证，也有神作见证。你们也晓得我们怎样劝勉你们，安慰你们，嘱咐你们各人，好像父亲待自己的儿女一样，要叫你们行事对得起那召你们进祂国、得祂荣耀的神。"（帖前二10–12）

挑旺灵火

1. 耶稣的事奉和赐给教会的事奉之间的联系是什么?

2. 教牧事奉有何重要? 当我们忽视教牧事奉时结果会如何? 我们在什么时候会倾向于忽视教牧事工?

3. 当我们在事奉中与信徒一起祷告并为他们祷告时会产生什么效果? 当我们忽视这样的祷告时会怎样?

4. 真正的讲道如何才能既是神学性的又是实践性的?

5. 关于祷告,你会问别人哪些问题?

6. 你会向你的会众问哪些托伦斯所提的"教牧性问题"? 为什么?

导 读

❖ 丈夫和妻子被呼召是要在彼此的关系中表现出无限的忍耐、怜悯、宽恕和爱，这些是神在祂与自己百姓的盟约关系中所体现。

❖ 当夫妻彼此因着对方向神感恩时，婚姻就有了新的维度，因为配偶就是神赐的礼物。这赋予了婚姻神圣而持久的深刻意义。选择退出婚姻无异于使一个人背离神。

❖ 福音所宣讲的信息是，神并没有在人最亲密的关系中撇弃男人女人。在基督里，神与他们同行。神与基督徒的婚姻同在，为着祂的荣耀和我们彼此的安逸与幸福，祂持续创造并建立婚姻。

❖ 耶稣基督吩咐我们要彼此相爱和珍惜，正如祂爱并珍视我们到死的地步。

❖ 男人在与女人的关系中成为真正的男人，女人在与男人的关系中成为真正的女人。这绝非否定独身的男人或女人可以靠着神的恩典在基督里找到完备的成全。

❖ 由于我们总是无力维持婚约的神圣和持久，圣经才许可离婚，就是在我们面对婚姻中不可挽回的破裂的时候。这并非是将离婚奉为神圣……双方都需要神的洁净和赦免。

❖ 在处理一方或双方先前都已离婚的案例时，我都会要求他们花一段时间在祷告中与神独处。我要求他们将自己过去的一切交托给神，祈求并领受神对他们所有需要被赦免之处的赦免，让他们得以自由。

第六章 基督之约中的婚姻
大卫·托伦斯（David Torrance）

基督抓住了我们破碎和罪恶的人性，并用祂自己完美的人性恢复了它。祂作为一个人代替我们向神做出了我们无法做出的回应。如今，祂并非对我们冷眼旁观，也绝非冷漠地远离我们最亲密的关系。相反，祂在每一个基督徒婚姻中是"第三者"，丈夫与妻子的联合得以在祂里面被建立。通过这种方式，基督徒的婚姻向世人见证了在基督耶稣里得到的恩典。它也预示了基督与祂的新妇教会之间联合的奥秘。大卫·托伦斯在本章仔细考查了婚姻如何既是神的礼物又是来自神的呼召，每个基督徒婚姻如何才能终极地扎根于基督。

在探寻一个合乎圣经的婚姻教义时，我们不仅要思考单独的经文段落，而且要思考圣经的整体意义、思考婚姻如何指向对神的认识。这种认识又反过来使我们领悟在婚姻中的共同生活。当如此解释时，我们就可以看出圣经对婚姻有许多教导，并非如现今某些人所说的只有很少的论述。

改教家们认为，虽然神在这个世界为每一个人创造并命定了婚姻，但是神在基督里已经将婚姻从它在这个堕落世界中的状态下分别为圣并救赎出来，将它恢复到耶稣自己所教导的原有的特质和目的（太十九4-6）。在根本意义上，真正的婚姻、基督徒的婚姻完全不同于非基督徒的婚姻。它们的秩序完全不同，因为前者是"在基督里的"。

婚姻不应破裂。如果破裂，不仅男女之间的关系会受伤害，而且任何一方与神之间的关系也受到了破坏。奸淫是对神的攻击，并非简单的对配偶的攻击（诗五十一4）。

在旧约中，婚姻是被呼召去反映神选择与祂百姓以色列民建立的爱和恩典的关系。以色列百姓成为神的配偶（参《何西阿书》）。在新约中，婚姻反映了耶稣基督与祂所有所爱门徒的关系，而且教会被称为羔羊的新妇（弗五25-32; 启二十一2）。这是一个奇妙的关系，神在基督里呼召我们进入这关系中。丈夫和妻子在这一关系中，就是一个人与另一个人在婚姻中，被呼召表现出无限的耐心、忍耐、怜悯、宽恕和爱。这些都是神在祂与祂百姓的盟约关系中一直所体现的。耶稣说："我爱你们，正如父爱我一样；你们要常在我的爱里……你们要彼此相爱，像我爱你们一样"（约十五9，12）。

基督徒的婚姻和盟约

我们在婚姻中被呼召是为要彰显基督并祂与祂百姓之间盟约关系的恩典和美好。通过祂的圣灵，婚姻被建立在祂的盟约之上，印了盟约的印记，并被置于盟约之内。

　　改教家们看待婚姻的方式与有信仰的犹太人并无不同。从旧约时代以来，有信仰的犹太人一直将婚姻理解为在神圣的盟约关系中包含了与神之间的关系。根据旧约圣经，犹太人不会与盟约之外的人结婚，就是那些不相信这位永活的神和那些不将自己视为盟约之子民的人（申七3–4等）。根据《塔木德》（Talmud）记载，虽然外邦人的婚姻也说属神地，但就其在神面前最深沉意义而言，婚姻只在盟约中"奉天之名"（in the Name of Heaven）才会成立。因此，对于正统的犹太人而言，与不同信仰者结合是一件十分严重的事，这被视为否认了信仰。任何人如此行就是脱离信仰的团体，脱离父母的家庭。对于敬虔的犹太人而言，《何西阿书》二19–20的内容就成为了婚姻礼拜的组成部分。这些话是神在更新祂与以色列所立之约时所说的。新郎与新娘一同站在罩蓬或彩棚（chuppa）之中，宣认这些神之盟约的话，并肯定这些话与他的新娘的关联，借此确认他的婚姻是被包含在盟约之中或与盟约互相关联的。"我必聘你永远归我为妻，以仁义、公平、慈爱、怜悯聘你归我；也以诚实聘你归我，你就必认识我耶和华。"随即，新郎和新娘举起一杯酒，这酒成为一种圣礼或他们联合的印记。他们的信仰是，若没有酒，婚姻就没有被印上印记，即无酒就无婚礼。这也帮助我们了解了耶稣在加利利迦拿所行神迹的意义。当耶稣将水变为酒时，想必祂认可婚礼可以继续进行。在新约中，深受旧约和拉比教训影响的保罗断言，基督徒必须总是与基督徒结婚（林后六14）；婚姻是"在主里的"；靠着恩典，它反映了神与祂子民的关系，并受了基督身体与血的印记。

　　我们自身信仰在犹太根源方面的严重缺失和没有认真看待旧约的做法阻碍了许多基督徒明白圣经对婚姻教导的意义和深度。在基督里，神已将我们的生命设立在祂恩典的新根基上。在这恩典中，祂在救赎之爱中将自己完全地、毫无保留地赐给我们，并在我们当中产生一个相应的在基督里爱和自我奉献的运动。透过祂的爱，我们被呼召在爱中将自己完全地给予在基督里的对方。在基督里，我们要以基督爱我们的相同方式和程度来彼此相爱。在这样的背景下，丈夫和妻子被呼召在婚姻中毫无保留、完全地付出自己，在主里彼此给予对方。他们借此互相关联并成为一体，在某种意义上成为一个整全的人。作为整全的人，他们被呼召在他们彼此亲密的个人关系中彰显与我们有关系的神。在基督里的婚姻和基督徒的婚姻就被纳入神与祂子民的圣约关系中。婚姻就是扎根于此，神恩约促其成形。

圣经对婚姻的教导有许多实际意义：

1. 婚姻是从神而来的礼物和呼召

婚姻是神圣的，也是十分宝贵的。它唤起人们的惊奇之感和对神的感谢。当彼此因着对方向神感恩时，婚姻就有了新的维度——配偶就是神所赐的特别礼物。这赋予了婚姻一个神圣而持久的深刻意义。选择退出婚姻无异于一个人背离了神。

神呼召一对特定的男女进入一生一世的配偶关系中。祂的呼召涵盖了他们生命的各个领域。它并非只是持续一段时间，乃是一生之久。没有第三个人可以分享这个呼召——即使他们的孩子也不可以。他们自由地藉着对彼此的爱进入这呼召中。当我们认识到婚姻既是神的呼召又是神的礼物时，它就获得了真正的尊严——"无论顺境还是逆境，无论富足还是贫穷，无论疾病还是健康，去爱和珍惜彼此，直到死亡将他们分开"。

2. 婚姻关乎信实（faithfulness）和苦心经营

神赐婚姻是呼召我们进入一个持续一生的配偶关系中。就此而言，婚姻远超普通的人为努力。若要形成一生之久的配偶关系，婚姻必须源于爱。婚姻要想持续发展、变得成熟并给当事人带来喜乐，必须要不断以爱填充和维持。

在这方面，两人在婚姻中的关系有些类似以色列与神之间的关系。神呼召以色列人进入持久的恩约关系之中。神在对祂百姓的呼召和爱中一直是信实的。但是，在旧约漫长的年日里，神的百姓时常任性、不忠、没有爱、也没有幸福。在以色列成为真正因恩约关系而喜乐的百姓之前，就是使徒和信徒所代表的以色列，他们经过了悠久的岁月与这位永活的神建立个人性的相遇和立约者的关系。在这期间，他们经历了多年的艰难困苦，长年在顺服、信心和爱中努力寻求神。

一个幸福的终生配偶关系并非在男女婚后就能简单地建立起来。它不会自动产生，即使在男人和女人真的彼此相爱时也是如此。它是一件必须要为之寻求、经营和祷告的事。

3. 婚姻是创造的一部分，因此神会维持

婚姻并非仅仅是一个人类社会的制度，正如当今许多人希望如此肯定的一样。婚姻被确认为神的行动（创二18-25），又被耶稣

再次确认（太十九4-6；可十6-9）。所有教会都认同这个圣经立场。在我们生活的这个世俗时代，当许多恋人选择一起生活却不愿意结婚时，教会必须要宣告并强调婚姻是属于神的。它属于神创造的行动和对人类的旨意，并在祂救赎的行动中被接纳和肯定。

然而，神并非简单地回到起初创造婚姻，然后好像放任男女自由发展彼此的关系，以他们自己的方式建立婚姻。令人感恩的是，神并没有丢弃信靠祂、被祂呼召进入婚姻的任何一个男人和女人。若任凭他们自己，婚姻中的任何一方可能并常常会在各自的罪中努力争取虚假的个人主义，彰显他或她自己，支配、欺压另一方。

福音所宣讲的是：神并没有在人最亲密的关系中撇弃男人和女人。在基督里，神与基督徒同行。神与基督徒的婚姻同在，为着祂的荣耀和男女彼此的安逸与幸福，祂持续创造并坚固婚姻。靠着圣灵，祂将我们在谦卑、悔改和更新中一次次带到十字架前。因为在十字架那里，我们靠着圣灵在基督耶稣里向我们自己而死，又复活成为新人，一个全新的人，一个丈夫和妻子。这是一件必须并确实反复进行的事。在把我们自己、我们的爱和婚姻交托给主后，主就对我们的婚姻负责到底。祂使我们的爱变得深厚，建立我们的婚姻，并随着岁月的推移使其变得完美。神永远以祂全备的创造与救赎的大能和爱与基督徒的婚姻同在。

4. 婚姻是一生一世爱的团契

神在基督里与我们立约，并在这约中将自己完完全全地赐给了我们，并持续将自己赐给我们。这正是道成肉身——发生在神身上的事——中令人难以置信的奇迹和奥秘。神在基督里将自己完全赐给了我们并持续赐给我们。在基督里，神永远将男人和女人联于祂自己。正如祂给予我们的是祂的全部，祂对我们的要求也是全部。祂要求我们将自己完全献给祂，并因着如此行，我们也完全将自己给予对方。我们不会只将自己的一部分给予对方又同时得到祂的祝福。我们不能一边正当地与我们的配偶结婚，而另一边同时与他者结婚，比如同时与我们的工作或娱乐结婚，更不用说与其他人结婚了。我们在离开婚姻配偶的情况下再也不能去看、听、思考、说话和生活。诚然，我们因自己的个人主义和以自我为中心都是有罪、悲哀的。我们达不到神的完美。然而，这正是神呼召我们去做的，是每对夫妇必须要在基督里努力去做的。这就是"成为一体"，即"一个整体的人"的含义。

男女被呼召进入婚姻，为要达致身体和灵魂的相爱与关怀。这种完全的相爱和关怀只有在排斥所有第三方的一夫一妻关系中才有可能。婚姻描绘了神与我们的恩约关系。圣经把神描绘为是忌邪的。祂会妒忌可能成为我们情感依托的任何人和事物。在对我们的爱中，神是单一又全心全意的，所以我们对祂也必须是单一和全心全意的爱。在某种程度上，我们对祂的爱必须是一夫一妻的，在圣灵中与祂合而为一。祂也希望作为丈夫和妻子的我们对彼此的爱是单一的。

显然，神的百姓花了很长时间去明白并接受一夫一妻制是神的旨意。在旧约里，一夫多妻广为流行，即使信心之父们都不假思索地如此行（除了创二18-25,《雅歌书》,《何西阿书》和玛二13-16）。但是，当我们转向新约，转向基督的到来成全了恩约的时刻，一夫多妻制就不复存在了。对此，教会从未怀疑或犹豫。使徒和早期教会清楚地认识到，恩约和它在基督耶稣里的成全是一夫一妻真理的根基。笔者相信，他们对一夫一妻正当性的确定很可能源自加利利迦拿婚宴的神迹。耶稣基督继那起发生在犹太处境中的婚姻之后被视为婚姻之主。也就是说，只有唯独在祂里面并藉着祂，一对男女的婚姻才能成立。这位使徒说："祂显出祂的荣耀来。"（约二11）

当我们想到不接受耶稣基督的犹太人继续实行一夫多妻制时，这个问题就越发显得重要。在十三和十四世纪前，他们当中许多人一直都这么做。他们只有在所居住国家法律的要求下他们才被迫接受一夫一妻制。一个同等重要的事实是：除了基督教，世界上没有任何其它宗教对一夫一妻制有自己的规定，并真正赋予一夫一妻制的男女所要求的相互尊严和地位。

5. 肉身的性活动（sexuality）源于神

因为神所要的是整体的人，而且要求男人和女人在婚姻中将自己完全给予对方。所以，祂的要求和期待使我们肉体的性活动分别为圣。神创造了我们肉体的生命和属灵的生命，并将他们分别为圣。因此，夫妻对彼此的性欲本身是正当、圣洁和美好的。这些性欲是他们与神和彼此关系中整体存有（whole being）的组成部分。在创造并将人（男性和女性）分别为圣的过程中，神将他们的性活动囊括在他们的人性之中。所以，伴随着他们彼此相爱而来的肉身之爱很重要，对他们彼此整全的爱而言是不可或缺的。

在这方面有任何罪疚感或羞耻感都是不当的。恰恰相反，取而代之的应是极大的喜乐和感恩。正如我们的肉体是存有的重要部分，肉体的性质和性活动是神所赐婚姻关系的重要组成部分。毫无疑问，"二人要成为一体"（创二24；参 林前六16）这句话就是指肉体、性和属灵的联合。在婚姻中，性欲和真爱不可分割地联系在一起。婚姻就是关于整全的男人和女人，关于二者完全联合的问题。

6. 试婚和婚姻外的性

因为神对我们的要求涵盖一切，所以在基督徒的观念中根本没有试婚的余地。因为试婚的双方没有对彼此一生的完全委身。同样，在进入婚姻的完全委身之前，不应探讨或表达性方面的事。

我们再次声明：不应有超越婚姻的性关系。圣经中多处明文禁止所有这些事。圣经将基督徒的婚姻置于在耶稣基督里藉着祂赎罪祭被更新和受了印记的恩约之中。圣经的整体目标是让这类性关系与我们在基督里的联合不兼容。这远远超越了简单地违背特定经文的意义。

总而言之，真正的婚姻以神与我们的恩约关系为模式并反映这一关系。它被置于此恩约中，且基于、取决于这恩约，又受了这恩约的印记。它要求男女在爱中将他们自己的一生完全地交托给神和另一方。

耶稣基督吩咐我们要彼此相爱和珍惜，正如祂珍视和爱我们到死的地步。在我们的罪和个人主义中，无人能够完全如此行。因此，我们所有人每天都需要跪在十字架前，以便持续地有份于基督的死和复活。当我们与基督联合并向着我们的罪和罪恶的自己而死时，我们就彼此联合地在基督里复活了。一个幸福美满的婚姻需要每日祈求耶稣基督在我们里面活着，我们在祂里面活着，一同披戴祂的公义、清洁和爱。

一些相关的问题

1. 互有关系的男人和女人

这已然成为极具争议的话题。令人悲哀的是，在这关系中存在大量的压迫——通常是女人被男人压制（虽然现今人们认识到相反的事情也时有发生）。虽然基督教信仰在早期是女性的解放者，但以后却常常为压迫女性进行辩护。后一情形的出现通常是因为没有从圣经整体范畴去理解思考特定的经文而产生。

神呼召男人和女人在婚姻中进入彼此的关系。他们在神面前享有同等的尊严和地位，同等地被神所爱，并同样被呼召分享祂的荣耀和神圣产业。与此同时，他们又有差异，被赋予不同的责任，被呼召去做不同的事奉——所以他们能彼此相助，各自根据神的旨意满足对方的需要。在婚姻中，彼此幸福的重要条件是各自承认对方在神面前同样重要，同等被神所爱。一方不可以试图主宰另一方，不可试图否定另一方正当的贡献和事奉。双方必须要以他或她自己的男人气概或女子气质而喜乐，也要以配偶的气质或气概而喜乐。

男人在与女人的关系中成为真正的男人，而女人在与男人的关系中成为真正的女人。这绝非否定独身男女可以靠着神的恩典在基督里找到完全的满足。我们必须要肯定的是，他们可以、也的确做到了。然而，依据神创造的次序和婚姻的创造，每个人在另一人那里并透过这人找到他或她自己的满足。在真正的爱和关怀中，每一方必须鼓励对方成为他们之所是，且丝毫不会感觉受到对方性活动的威胁，鼓励并帮助对方做出他们最大的贡献。藉着鼓励并享受对方在他们性活动中的满足，配偶也就因此得到了满足。

2.更宽广处境中的男人和女人

男女之间的差异不会因为女人会生育而男人不会就局限于生物学的范畴。男女之间的差异影响他们的整体存有。他们有不同的思考和感觉的方式，所以他们总体的贡献不同。但是，从某种意义来说，一方对另一方又完全互补，以致他们在婚姻中成为"一体"或"一个整全的人"。然而，不仅在婚姻中如此，在作为一个整体的社会中也是如此，以至于无论是否在婚姻里，我们都彼此互补。我们彼此充实和成全，互相保持健全的理智！

但是，男人和女人在婚姻或社会中的角色没有确切的界定和区分。像埃米尔·卜仁纳（Emil Brunner）这些基督教作家曾试图对此进行定义，却（这次我坚信是对的）受到了女权主义运动（feminist movement）的抨击。例如，存在一种适当的自由空间，其中可以有家庭主夫（househusbands）和家庭主妇。然而与此同时，为了完成同一个任务，男人和女人会带来截然不同的东西——这就是为什么保罗·杜尼尔（Paul Tournier）曾主张鼓励女性政治家（female politicians）。她们发挥女性（women）功能的同时不会被挤压在男性的模式中。

我们与神之间的恩约关系不受系统化和法律的辖制。我们在恩约里被呼召进入与永生神的关系中。祂藉着自己永活的道和灵并祂自己的位格持续呼召、挑战、命令我们。我们每日被呼召去遵从的规律并非归因于一种抽象的次序、系统或法律。它乃源于神，就是在祂圣洁和爱中忠实于祂自己的那一位。因此，我们必须摒弃将婚姻和社会中的性秩序或性角色系统化的任何尝试。我们必须根据圣经的教导，简单地确认男人和女人的不同并各自带来的不同贡献。根据圣经的教导，我们不能定义也无法明确地描述这种差异。有人可能会声称自己知道神对某一特定男人或女人有何旨意。这种知识我们没有而且也不可能有。神的确会引导男人和女人在婚姻和社会中以奇妙和尚未预见的方式去服侍，而这些东西完全超出了我们已尝试设定的规范。

3.同性恋

圣经明文禁止同性恋。这种关系违背了神创造的自然秩序，违反合乎圣经的关于男人和女人的教义。正如先前所说，神创造的和祂所赐的男女之间的性差异具有互补性，它对实现神所计划的人类在婚姻中的真正团契、完整性和成全至关重要。当人处在同性恋的关系中时，无法正当地对这些差异置之不理。

根据圣经的教导，神呼召男女在婚姻里、在爱中彼此完全交托。一个男人不可能将自己全身心地交托给另一个男人；同样，一个女人也不可能全身心地将自己交托给另一个女人。然而有人竟认为，同性恋者可以在爱中完全付出自己。"这种爱具有非利用性、非操纵性和平等性"。然而，这远非一个人在爱中对另一人在身体灵魂上的全部自我付出。这种爱是神在以基督为中心的婚姻中的要求。

一些基督徒领袖提倡对性关系采取更自由的态度，并希望教会肯定"同性恋结合对基督教的贡献；这种结合是可靠、稳固、诚实和排他的（即非混乱的）"。这种论点基于"爱"，但是这种爱的概念是从圣经中抽离出来的，然后附加在其它事物上。这种爱与基督的位格和救赎之工脱节。新约在讲"爱"的时候，从未离开神在耶稣基督里爱的自我牺牲。爱体现在基督赎罪祭中。在赎罪祭中，基督在爱里恢复了男人和女人与祂自己的联合，医治了男人和女人之间并与他们朋友之间破裂的关系；又在爱中医治男女的婚姻，并将其恢复到祂起初所命定在恩典中的状态。

给人贴上同性恋或异性恋标签的行为是现代的做法，并不符合圣经并令人混淆。圣经给同性恋行为定罪并非像有人论证的那样源自经文的证据，例如所谓整个城市的人都要去强暴的"所多玛之罪"。定罪乃是因为同性恋行为违背了自然法则 (罗一24–27)。

我们所有人都需要被医治。圣经并没有根据我们的性行为界定我们，乃是依据我们罪人的本性。基督就是为我们这些罪人而死。

4.女权主义（Feminism）

有一种有益并符合基督教信仰的女权主义。它正当地寻求并承认妇女对教会和社会的贡献，以及女性与男性享有同等的尊严和地位。这理应被接受并受到鼓励。然而，极端激进的女权主义没有认识也不肯定男女在人格和贡献上互补的本质。正是这种女权主义才是有危害的。

在藉着圣经肯定神创造了男性和女性之时，我们也就肯定了不存在其他既非男性也非女性的被造之物。男人和女人不能超越他们的性别。除了神创造他们所要成为的男人和女人，他们不可能成为别的。在生命深处，他们彼此各不相同，尽管为了他们自己和他人的满足而互补。因此，他们不应追求超越自己或异性的第三种性别和所谓的非男非女的更高生命模式。

然而，这种试探存在于某些人群中。这些人渴望成为非男非女的人。除了外在和表面上好像男性或女性，他们的性别似乎只是暂时和短暂的。正如一位妇女曾对笔者提出的一个不正确的说法，男人和女人之间唯一的区别就是女人可以生育，而男人不能，因为性别只是偶然的，因此仅仅是外在的。从属灵层面上看，这场运动是要摆脱性别、逃避人性的本质，并试图否定神赐给我们的男性和女性的身份。

毫无疑问，有一些因素是可以理解的。例如，人的理性、经济、社会和政治因素会激发一些女性主义者产生这种欲望。但是，我们必须强调，根本不存在他或她在性别上似乎是中性的、或某个生命并非是完全的男性或女性。这类观点实际上否定了男人和女人只有在婚姻中藉着彼此才能得到的完全满足、一起成为整全的人的观点。这无疑是对婚姻关系的毁坏性打击。

耶稣在《马太福音》二十二30中说，在天上，男人和女人不再结婚，而是像天使一样。但是在这节经文中，耶稣所谈论的是婚姻，而不是性别。祂并非说在天上没有男人和女人。圣经中没有一处经文如此说。圣经说的是，起初神创造人，男人和女人。并且，神没有撇弃祂所造的。祂肯定、救赎并高升被造之物。无论在地上还是天上，永远都存在男人和女人。

离婚和再婚

婚姻是神最好和最令人喜乐的赏赐之一。因此，对一对夫妇和他们的朋友并祝福者而言，悲哀的是，过了几年（甚至是几个月）之后，幸福离去，爱已幻灭，婚姻以离婚而终结。在英国，平均至少40%的婚姻以离婚终结，是欧洲国家中比例最高的，与美国相同。

神的旨意是白头偕老的持久婚姻（创二24；可十7-8）。男女二人在结合中成为整全的人，在彼此的关系中折射出神与祂百姓的关系。他们在结合中表现出神的形象。耶稣说："所以，神所配合的，人不可分开。"（可十9）

但是，在我们生活的充满罪恶的世界，离婚还是时有发生。因此，尽管神的心意是持久的婚姻，可是神学上是否可以接受离婚呢？教会是否应该允许离婚的人再婚？教会仍然在努力解决这些问题，并对此给出不同答案。我们需要查看旧约和新约的不同经文来思考这个问题。

旧约的观点

在旧约里，《申命记》二十四1-4时常被引用证明离婚的正当性。"人若娶妻以后，见她有什么不合理的事，不喜悦她，就可以写休书交在她手中，打发她离开夫家。妇人离开夫家以后，可以去嫁别人。后夫若恨恶她，写休书交在她手中，打发她离开夫家，或是娶她为妻的后夫死了，打发她去的前夫不可在妇人玷污之后再娶她为妻，因为这是耶和华所憎恶的；不可使耶和华你神所赐为业之地被玷污了。"这段经文成为拉比们激烈辩论的主题，并且在外邦人和基督徒群体中也引起了广泛的讨论。

在观念上，犹太人恨恶离婚。神早就说过："我恨恶休妻"（玛二16）。拉比们有一些重要的说法。"不忠贞会致使神的荣耀离去。""每一个犹太人必须攻克自己的生命，而不是拜偶像、谋杀或奸淫。""当一个男人与他年幼时所娶之妻离婚时，连祭坛都会流泪。"

《申命记》二十四1–4只是说，如果一个女人被第一个丈夫休了之后被第二个丈夫再休，或第二个丈夫去世了，她不可以回去并与第一个丈夫再婚。所以，这段经文的重点并非特别允准离婚。旧约中其它经文也没有讲过类似的话。尽管如此，依据潜在的意思，这段经文并没有否定离婚。离婚是预设的和被接受的。

"发现她有不合宜的事"到底指什么呢？撒曼学派（school of Shammai）认为这指不忠贞，除此之外并无他意。其它学派，如希列学派（school of Hillel），则采取了更加开放自由的立场。他们认为，一个女人可以因着许多、甚至十分琐碎的理由被休，例如给她丈夫做了很差的或太咸的食物。罪恶的人性莫过如此！在耶稣的时代，大多数犹太男人（在犹太律法中，女人不可以主动提出离婚）似乎偏向希列学派在离婚问题上更为自由开放的解释。因此，尽管犹太人对婚姻的教导十分理想，但是在耶稣时期，正如在我们当代一样，婚姻和家庭处在时刻瓦解的险境之中。

新约的观点

耶稣在《登山宝训》中清楚地说明该如何解释《申命记》这段经文。耶稣说："又有话说：'无论谁休妻，都要给她休书。'但是我告诉你们：凡休妻的，若不是为淫乱的缘故，否则就是使她犯奸淫了；人若娶被休的妇人，也是犯奸淫了"（太五31-32）。

对此更详尽的陈述出现在《马可福音》十1-12中。在这段经文中，耶稣很清楚地责备离婚。法利赛人问："男人休妻合不合法？"耶稣回答说："摩西因为你们的心硬，所以写这诫命给你们。但从起初创造的时候，神造人是造男造女。因此，人要离开他的父母，与妻子结合，二人成为一体。既然如此，夫妻不再是两个人，而是一体的了。所以，神配合的，人不可分开。"这段经文说明两件事。

第一，神的旨意是要婚姻之约长久稳固。婚姻的破碎与离婚并符合神对这世人的旨意。婚姻的破碎和离婚会令神叹息。耶稣证实了婚姻是神呼召人进入一生之久、坚固不分的配偶关系之中。

第二，由于罪和众人没有能力在世上活出完美的生命，圣经接受在特定处境下的离婚，比如不忠贞的情形。

圣经陈述了福音的要求。它宣告了有关婚姻和基督徒整体生命与在世上行为的最高理想。我们被呼召是要接受这些理想。我们不断被这些理想挑战，并被呼召靠着神的恩典努力活出这些理想。任何低于这些最高理想的都是罪。为此，我们需要靠着圣灵不断被洁净、赦免和更新。然而，虽然我们尽力如此行，但是没有一个人可以完美地活出这些崇高的理想。我们所有人一直都不合标准。此外，在这个罪恶混乱的世界，没有任何事物是完美的，我们也时常面临义务和责任的冲突。面对这些处境，我们需要努力承担那些我们感到更重大的责任。我们需要选择去做我们认为较少罪恶的事，承认在自己身处的环境中做的选择对我们而言在实践上是恰当的。然而在如此行之时，我们需要祈求神赦免我们的亏欠并更新我们。我们都是生活在罪恶世界中的人，只有靠神的恩典才能得救，而不是靠我们活出公义的生命。我们这些人完全依赖神的恩典，并且需要不断藉着祷告领受祂的恩典、引导和更新。

由于人们总是无力维持婚约的神圣和持久，所以在婚姻处于不可挽回的破裂之际，圣经的教导许可离婚。在这种情况下，离婚是一种较轻的恶。有时候，离婚对一对夫妇是有利的，甚至是必须的。这并不意味着把离婚神圣化。因为即便在这些条件中，离婚和所有导致离婚的因素都是错误的。在这些情况下，虽然离婚是一种较轻的恶，但它仍然是错误的。无论是多么恰当和必须，双方在离婚中都需要神的洁净和赦免。

合乎圣经的理解

当新约肯定、甚至超越旧约的教导时，如果要理解新约的教导和在当下应用，对旧约的理解就显得十分重要。保罗在《哥林多后书》六14–16中所说的话总括了旧约的教导："你们不要和不信的人同负一轭。义和不义有什么相关？光明和黑暗有什么相连？基督和彼列有什么相和？信主的和不信主的有什么相干？神的殿和偶像有什么相同？因为我们是永生神的殿，就如神曾说：'我要在他们中间居住来往；我要作他们的神，他们要作我的子民。'"一个基督徒被吩咐只与基督徒结婚。只有如此，他或她才能成为"永生神的殿"。只有如此，主才藉着祂的圣灵与他们同住并住在他们里面，他们也一同住在主里面并服侍祂。在两位信徒的婚姻中，主是他们结合的根基和连结的纽带。正因如此，婚姻才被呼召成为永久稳固的。

我们被呼召是要与配偶在婚姻关系中表现神与我们之间的关系。神没有因为以色列不忠贞就拒绝她。祂没有与以色列离婚。祂在基督里的忠诚（fidelity）是我们的保障。对所有被造物而言，这是他们持久稳固的根基和保证。因为神一直以无尽和无条件的赦免和爱来待我们，不计较我们对祂的不忠。所以，我们被呼召要去无尽和无条件地赦免彼此，并彼此相爱，爱婚姻中可能已经不忠诚的配偶。正是基于神对我们的信实和无尽的爱并创造的行动，男人和女人在婚姻里才"成为一体"，婚姻才成为一种一生配偶关系的呼召。

在这方面，新约的教导甚至比旧约更加清楚。"凡休妻另娶的，若不是为不贞的缘故，就是犯奸淫了"（太十九9）。他"使她作淫妇了；人若娶被休的妇人，也是犯奸淫了"（太五32）。

思考耶稣在《马太福音》五27-28如何看待奸淫十分重要。"你们听过有话说：'不可奸淫。'但是我告诉你们：凡看见妇女就动淫念的，这人心里已经与她犯奸淫了。"耶稣超越了奸淫的外在行为。祂说，当我们在心思意念中怀有奸淫的罪时，我们也会犯奸淫。甚至即便我们没有实际出轨的外在行动，我们也有罪。相比旧约，耶稣以一种更彻底的方式揭示了罪的本质。当我们将耶稣对奸淫的解释应用在祂对婚姻和离婚的教导时，不纯洁的心思意念之罪也可能引起婚姻中一种无法恢复的破裂，并导致离婚，就好像奸淫的外在行为一样。心思意念的罪是婚姻破裂的主要起因。在这方面，新约超越了旧约的教导。它肯定并显明了隐藏在旧约中的教导。

据此，将保罗在《哥林多前书》七12–13中所说的与旧约《以斯拉记》九、十两章并《尼希米记》十三23以后的内容和《玛拉基书》二10以后的内容进行对比会很有裨益。虽然保罗说"倘若那不信的人要离开，就由他离开吧！无论是弟兄或是姊妹，遇着这样的事都不必拘束"，但是他也说，如果不信的配偶愿意与基督徒丈夫或妻子同住，那么基督徒不可与他们离婚。保罗在这里所说的是一个在婚后相信基督并受洗的男人或女人。这与一个信徒故意与非信徒结婚的情形不同。我们已经说明，前者是新约明令禁止的。

如果有人问，为什么新约的教导超越了旧约的？我们只能说，这归因于耶稣基督的道成肉身、死和复活。神已经来了。祂在耶稣基督里以全新和更完全的方式进入了这个世界，更完全地显明了祂的旨意，并在基督里赐给我们能力，使我们可以更完全地顺服祂。与此同时，教会显然已进入这个世界，成为一全球性的群体。这教会就是以色列中从亚伯拉罕时代以来的信仰团体和旧约中像耶利哥的喇合和摩押的路得这些被接纳的外邦人与犹太人。教会的成功和硕果无可避免地产生一种情形，就是婚姻中的一方可能归向了基督而另一方仍停留在黑暗之中。在这处境下，如果不信的一方选择持守婚姻，那么这一方就为信主的一方提供了一个传福音的机会。主会赐已信主的一方恩典和能力一直忠于基督，并向不信的一方做见证，为的是努力为主赢得他或她。正如保罗所说，另一方因着信主的一方"成了圣洁"(林前七14)。

离婚的抉择

当保罗在《哥林多前书》七15中说"倘若那不信的人要离开，就由他离开吧"时，他是在谈论固执地留在罪中和不想与福音有任何关系的不信主的一方不愿意与信徒继续维持婚姻关系。那样的非信徒可能会成为信主一方的阻碍，可能会试探信徒以致离开主。保罗的建议似乎与旧约的关注相一致，就是旧约中非犹太信仰或外邦的一方带领犹太信仰的配偶背弃主（事实上，《以斯拉记》和《尼希米记》中的信徒被吩咐要与他们的外邦人配偶离婚）。

无论原因是什么，离婚的抉择对于当事人而言总是苦恼和悲哀的。对于基督徒而言，只有经过许多祷告、思考和辅导之后才能做此抉择。

教会和教牧关怀

牧者必须对他人的难题十分敏锐并怀有同情和谅解，尤其是在他们被婚姻问题和性方面的罪所困扰的时候。教会必须避免审判的倾向。正如神在基督里白白地赦免了我们所有的罪，神也赦免了我们婚姻上的失败和性方面的罪，无论它们有多恶劣。因为教会试图向这世界代表基督，她在遇见处在婚姻失败和破裂中的人并努力帮助他们时，教会必须努力显出基督的谅解、怜悯和爱。

至于性方面的罪，为了忠于福音并真正帮助那些犯罪之人，教会必须强调这些罪违背了恩约。他们以最根本和最具个人性的方式影响了一个人与神之间的关系。他们玷污了神的形象，攻击并破坏了我们在基督里与神的关系。因此，他们必须要面对、认罪并为此悔改。如果一个人愿意完全进入神的赦免之中恢复与基督的联合，教会必须在爱中帮助这个人去如此行。

改教家正确地指出，旧约对英皇钦定本（KJV）所说的"擅敢犯罪"（sins of a high hand）和其它罪做了区分（译者注:民十五章），并且新约接受了这种区分（林前六13–20）。旧约的礼仪对其它罪的赎罪规定了特定的条例和献祭，但是没有为"擅敢"犯的罪做任何规定。没有为拜偶像、谋杀、奸淫和同性恋这类罪规定特定的条例或赎罪祭。这些罪违反了恩约，其刑罚就是死。若是如此，犯罪的人只能将自己置于神的怜悯中。这正是发生在大卫王身上的事，他犯了奸淫又藉着亚扪人的刀谋杀。他明白在这种情况下献祭是徒劳的（诗五十一16）。于是，他自己完全依赖神的怜悯，在悔罪中认识到他的罪在本质上是敌对神的。神赦免了他，就像祂赦免了每个罪人（无论是谁，只要他们在彻底的悔罪中依赖祂的恩典）。在基督里，神为每一类罪的赦免都做了全备的规定，包括那些"擅敢"犯的罪。藉着道成肉身，神子在十字架上一次就永远献上赎罪祭，我们的罪孽得以赦免。

再婚?

如果已经离婚的人要求在教会里再婚，教会该如何做?

在收到这类请求时，许多牧者会感到不安，并表现出他们的担忧，不知道在这样的情况下如何做才好。最近，一位牧者在与我的谈话中总结了他们的担忧。他说，当他被邀请为已离婚之人的再婚主婚时，他总感到不安。如果他不主婚，也感到不安。我理解他的感受。在四十年多年的牧区事奉中，我一直设法处理这个难题，在每个情况中都尽最大的努力与当事人共同依据圣经明白主的心意。每次我都发现，这个问题极富挑战，但常常在属灵上带来裨益。

我们不能以律法主义的方式处理任一教牧状况。同样，我们在一个特别的情况下也不能期待根据证据性文本（proof text）去设立处理的标准。通常情况下，这类文本是没有的。我们努力的方向必须是将圣经作为一整体去理解，让圣经的教导指引我们。我们必须自始至终由圣经对恩典和救赎的教导所引导，依靠圣灵将神的话语应用在特定的处境中。在本章其余部分，我会简单地与读者分享自己所学和努力去实践的事项。

耶稣说："神所配合的，人不可分开。"作为基督的教会，我们不能只在婚姻礼拜中理所当然地说这些话，然后允许人借国家法律的名义将他们分开，尽管某些教会或基督徒似乎接受这样的做法。既然神并只有神在婚姻中将一个男人和女人结合在一起，那么只有神才能将他们分开！这一原则必须主导我们的认知，指导我们如何面对那些到我们这里寻求帮助的即将结婚和再婚的人。我们必须努力帮助那些通过政府渠道已经离婚的人明白这点，帮助他们在祷告中来到神面前，祈求神将他们与先前的配偶分离，祈求祂赦免、医治并加他们能力开始新的生活。

以同情心去了解与想要结婚或再婚的双方有关的方方面面总是有帮助的。只有如此，我们才能以爱的方式帮助那对夫妇。许多人承载着先前婚姻的伤害、被拒绝的感受和罪疚。为此，在尝试进入新的婚姻之前，他们都需要神的洁净和拯救。牧者和朋友都需要表现出极大的同情和谅解，能够对他们过去遭受的伤痛有同理心，为着他们对未来生活的盼望一同喜乐。

我从来没有也不会不假思索地为已离婚之人主持再婚。首先，我会尝试与他们一同探究神当下想要对他们说什么。我已经指出，作为一位牧者，我能在国家面前为他们主婚；但是，我不能在神面前为他们主婚。这事只有神才能做。基督徒的婚姻并非男女之间简单地结合。它乃是三者之间的结合：男人、神和女人，或者女人、神和男人。如果他们希望神为他们主婚（这是他们希望一位牧者在教会中为他们主婚的原因），那么他们必须愿意让神为他们做并与他们同做只有神才能做的事。为此，他们必须愿意在祷告中将自己和与自己有关的一切都交托给神。

我会对他们讲，作为先前已婚之人，只有神能将他们与先前的配偶分开。他们需要神将他们从过去中解放出来，并使他们的内心自由地再婚。这样，新的婚姻就没有任何阻碍和干扰，过去也不再破坏他们将来的幸福。当然，无论是谁或者过去的情形如何，这个原则对我们所有人都适用。因为我们所有人都犯了罪。在被基督洁净、赦免和拯救之前，我们依然背负着自己罪恶的过去。只有神在基督里才能并真地使我们的内心得享自由。婚姻影响并改变了我们整个生命。我们变得跟过去不再一样。我们成为了一个不同的人。婚姻中的双方都是改变另一方的器皿。因此，我们不能在婚姻中凭自己与配偶分离而对自身没有损失。如果要离婚，那么只有神能将我们分开。如果再婚，那么就需要神好像再次造我们并使我们内心得自由一样。我们与先前的配偶完全脱离关系，从而自由地再婚。即便在婚姻中更明显受到伤害的一方也要为婚姻的破裂负责。

因此，在进入一段新的婚姻前，每一个人都需要祷告，并因着过往所懊悔的和在神眼中看为恶的一切事领受神的洁净和赦免。除非这样祷告并领受神的赦免和使人改变的恩典，否则他们不能在自由中再婚，因为神没有让他们得享自由。许多人没有如此行，也没有将他们的过去交托给神并领受神的赦免与更新。这就是为什么再婚人群中大多数人又离婚的原因。

再婚的准备

我常常要求先前离婚如今邀请我为他们主婚的夫妇在祷告中与神独处一段时间。我要求他们在离开我之后一旦方便就要这么做。如果他们还没有如此行，我就要求他们将自己过去的一切交托给神，祈求并领受神赦免所有需要被赦免之事，让他们得以自由。我要求双方都要这么做。同样，我要求他们无论是独处或在一起的时候都要出声地如此祷告。我让他们将自己的生命交托给神，此后再将他们现在的爱情和彼此双方在基督里交托给神。我向他们声明，只有向我保证已经这么做了，我才为他们主婚或为他们的再婚主婚。此时，我简单地认可他们对祷告的保证，对祈求领受神赦免和委身于祂的保证。这就好比我作为牧者以同样的方式接受并认可一个人在宣誓成为领圣餐的会友时做的信仰宣告一样。只有神才知道他们在神面前的立场和他们的诚意如何。我或者任何牧者都不能审判他们。我只是简单地认可他们的话和认信。我也喜欢依照这些原则与他们一同祷告。

有几对恋人经过反思告诉我，他们不准备继续到下一个环节。当时，他们还未准备好在教会里结婚，于是转而去注册结婚。然而，大多数恋人照着这些建议继续前行，并感谢我所给予的帮助。

从最初被邀请为已离婚者主婚直到我同意为他们主婚的时间通常不会少于三个月。

我从来没有为承认对先前婚姻破裂承担罪责的一方主婚。据我所知，这类人也没有来找过我。但是，假如一个人在神面前真的悔改，我不认为我会采取与其他离婚人士不同的方法。旧约中的大卫王的确犯了奸淫和谋杀罪，但他悔改，神就赦免了他。难道我们不该承认神在此时也会这么做吗？采用任何其它方法无疑都是律法主义的，违背了神的恩典。

在同意为他们主婚时，我从圣经的《诗篇》中取了两节经文提醒这对夫妇。这两节经文在婚姻礼拜中被频繁引用，我自己的宗派也常常引用。"若不是耶和华建造房屋，建造的人就枉然劳力"（诗一百二十七1）。"我们得帮助，是因造天地之耶和华的名"（诗一百二十四8）。这些经文清楚显明，如果一个房屋或家庭要想被建造地稳固，那么它必须要由主建造。没有主，他的建筑就没有保障。这就是为什么如此多的婚姻不成功的常见原因。如果一对恋人希望神成为他们婚姻和家庭的建造者和造作者，那么他们必须在祷告中将自己和他们的爱情交托或再次交托给主，祈求祂将祂的印记和祝福降在他们身上和他们的爱情并即将到来的婚姻之上。

我常常要求一对恋人在他们余生中每天留出时间向神祷告，阅读祂的话语，力所能及并衷心地在教会里共同竭力地敬拜祂并一起努力事奉祂。这样，他们可以让神来管理负责他们的婚姻。我告诉他们，在教会婚姻礼拜中，在他们向神宣誓前，我们会一同祷告。在祷告中，我们感谢神，因为祂的恩典使我们能彼此吸引并有份于祂所有的爱和救赎。我们也为着他们双方和他们彼此的爱向神感恩。然后，我们在祷告中将他们双方交托给主。我们将他们对彼此的爱交托给祂，并祈求当他们向神宣誓的时候，神亲自使他们结合成为在主里的丈夫和妻子。因为这就是我们在教会里做的，所以如果这对恋人在婚礼前已经一同做了这样的祷告，那么当我们在教会中如此祷告时，他们就可以更充分、更有意义地参与到婚姻礼拜中。于是，我们肯定神已经如此结合他们，并证实了耶稣的话，"神结合的，人不可分开"。

　　我不时会在婚礼后的数月或数年后收到一些十分令人感动的感谢信。我所认识的一对夫妇，其中一方因前任配偶的不忠而离婚。他们二人如今信靠了基督。有不止一对再婚的夫妇在教会生活和事奉中变得十分主动和委身。

挑旺灵火

1. 神如何在婚姻中成为"第三者"？换言之，如何理解婚姻是"在神圣恩约关系中包含了与神之间的关系"？

2. 奸淫如何成为"对神和祂与我们之间的关系、并我们婚姻中与配偶之关系的攻击"？

3. 主如何为基督徒婚姻负责并"负责让我们的爱变得深厚，建立我们的婚姻"？

4. 严格地定义男人和女人在婚姻中的角色有何错误？

5. 同性恋关系中哪些事不可能发生？那些支持同性恋的人如何"将爱脱离了基督的位格和拯救的工作"？

6. 大卫·托伦斯针对离婚给出的圣经根据有哪些？他对允许离婚的警告有哪些？

7. 大卫·托伦斯对再婚的准备有何要求？你的回应如何？

8. 最后，神在基督里与我们的恩约怎样为婚姻提供了最根本的基础和最重要的模式？

导 读

❖ 在耶稣里，神成为一位具体的人，一位具有代表性的人，一位
犹太人，属于世人中独特和最具代表性的民族——以色列——
的一员。藉此，祂证实了"救恩属于犹太人"和我们永远受惠
于犹太民族的事实。

❖ 神永远管控着人类的忿怒并能将之转换成对祂的见证和赞美。
祂甚至藉着恩典掌控人类可怕的罪恶，就是人类试图要丢弃神
并将荣耀的主钉死在十字架上。

❖ 同样，神现今也管控着祂盟约百姓（covenant people）的不信，
正如神透过他们向列国说话，并以永活之神的身份和他们相遇。

❖ 如今，不信耶稣是弥赛亚的犹太人依然属于神的盟约百姓，继
续作为神的仆人。神藉他们与万民相遇，透过他们向列国说话。

❖ 我们迫切的渴望和恒久的祷告是，为了他们自己和对全世界丰
盛的祝福和救赎的缘故，以色列终会相信耶稣就是他们的弥赛
亚，从而在基督里得救。

❖ 我们要先向犹太人传福音，然后再向外邦人传福音。换言之，
我们为犹太人的救赎祷告和对这事的关注必须置于我们当代向
全世界宣教的中心。

❖ 基督教会的整个历史长河和长久可悲的基督徒反犹太主义
（anti-Semitism）的历程、包括屠杀犹太人的时代并延续至今
的事实意味着，我们必须要为如何与他们交往进行深刻而真挚
地忏悔和谦卑。让我们每日都为犹太人祷告。

第七章 基督徒的使命和犹太民族
大卫·托伦斯（David Torrance）

对我们而言，当教会面对"耶稣到底是谁?"的挑战时，尤为重要的是回想圣经中的耶稣是一个犹太人，是一个一出生就深受神所爱之百姓的传统、历史和圣经所影响的人。大卫·托伦斯在本文中认为：若我们不理解以色列百姓的地位，我们就不能"清楚地明白神在基督里所说的"。他探讨了神盟约百姓的拣选、他们在救赎计划中的地位和现今教会应有的态度。大卫·托伦斯自始至终都满怀喜乐地提醒我们，"基督教的福音诞生于犹太教之内"。

福音就是关于耶稣基督的位格以及祂的生命、死亡、复活和升天的教训和救赎之工的好消息。这好消息就是在基督耶稣里的赎罪、与神和好并进入神国度的荣耀的新生命。耶稣基督就是神在拿撒勒人耶稣的位格、教导和事工之中的自我启示，也是神藉着拯救凡相信祂之人的爱和救赎大能的自我启示。

教会的使命

教会被呼召是要通过讲道、教导和活出生命让世人在基督的位格、教导和救赎之工中认识祂。教会被呼召是要透过自己宣讲的话语和生命去分享这一好消息，为要拯救世界。虽然是藉着恩典，教会的使命成了我们的使命，但它一直都是神的使命。因此，教会要时刻在感恩、爱和舍己中降服于基督，从而神能在基督里为拯救世界之故启示祂自己。

起初，教会在新约时代规模较小，只有些许使徒和其他一些信徒，而且都是犹太人。因为外邦人加入到犹太信徒中，教会快速增长，直到外邦人成为教会中的大多数，正如今日的情形一样。在每一个时代，教会都被吩咐要去传福音，先向犹太人然后再向外邦人，使万民成为门徒并奉父、子、圣灵的名为他们施洗。

以色列的使命

正如我们所知，以色列的使命先于基督教会的使命。神呼召亚伯拉罕并与他及他的后裔立约，为的是藉着并透过他们，祂可以在爱和救赎中让全世界认识祂自己，又透过他们实现祂与所有被造之物所立的约。神并非在呼召以色列百姓后仅因他们是以色列而与他们立约。神爱以色列，祂也爱这个世界。祂与以色列立约，使他们永远成为自己的子民，藉着并透过祂与他们之间的特殊盟约来实现拯救世界的旨意。因为神爱每一个人。正如以赛亚先知所宣告的，以色列是神的器皿，是祂的"仆人"。神透过她实现了救赎世界之工。耶稣在《约翰福音》四22说："救恩是从犹太人出来的。"这意味着，神救赎世界的旨意在耶稣基督里被成全和成就，并唯独透过犹太人传于我们。

"救恩属于犹太人"这句话对于新旧约时代的以色列同样成立，并且永远成立。神向祂的盟约百姓启示祂自己。这种启示的方式就是，神没有向任何其他民族启示祂自己。这些盟约百姓领受了"神的圣言"（罗三2），就是神的道、神的信息和神的律法。神在以色列中做了许多伟大奇妙的事，行了很多神迹。由此，祂的荣耀就向列国显明了。藉着神的恩典和呼召，以色列成为万国之光。但以色列自己内心并没有光。正如摩西对以色列的提醒一样，她自身如列国一样是顽固、硬着颈项、有罪的。神祂自己才是世界的光。这光就是祂在以色列的历史长河中赐给先知和祭司的道。正是这道在耶稣基督里成了肉身。正如耶稣自己见证的："我就是世界的光。跟从我的，必不在黑暗里走，却要得着生命的光。"（约八12）作为神话语的拥有者，神将祂的话语交托给以色列。以色列要为这光作见证，这光以预期的方式在耶稣基督里发出万丈光芒。以色列是一个器皿，唯独藉着她，神的真光、基督之光才照亮这个世界。因此，以色列被呼召成为万国的光。

透过以色列对神道（the Word of God）的独特见证，我们有了圣经。现今，借着以色列这一中介，我们在阅读圣经时得以与神相遇。在阅读和聆听圣经之时，神的真光照在我们心中，为要使我们罪得洁净、得蒙救赎。

在新约时代，我们看到了这件最重要的核心事件：为了拯救我们，神亲自来到这世界，在耶稣里成为一个人——永远成为一个犹太人。神的旨意是：以色列被拣选、藉着恩典成为所有世人的代表；透过他们，我们可以明白自己在神面前的处境；藉着神为他们所做之事，我们可以晓得神为我们所做之事。耶稣就是那位完全又完美的犹太人。相比任何人，祂以一种独特的方式成为我们的代表。在祂里面，我们明白并了解自己，从而我们在祂里面明白并认识神。祂就是在我们的软弱和罪恶中在神面前代表我们的那一位，也是在神所有圣洁、审判和怜悯中向我们代表神的那一位。因为耶稣既是神又是人。在祂里面并藉着祂，我们所有人得以与神相和。只有在祂里面才有救恩。

在耶稣里，神成为一位独特的人，一位具有代表性的人，一位犹太人。祂是最具独特代表性的以色列中的一员。藉此，祂证实了"救恩属于犹太人"和我们永远受惠于作为救赎世界之神仆的犹太民族这一事实。

在以色列内部，神藉着恩典设立了一个群体，就是众门徒。圣灵使他们认识耶稣的身份，明白祂降临的原因、祂受死和复活的意义、祂赎罪的本质并五旬节圣灵浇灌的真义。这样，门徒才能将福音传到地极。因此，全世界都永远建立在使徒和先知的根基之上。他们全都是犹太人。

以色列在后基督教时代的角色？以色列在当今有何重要性？

基督已经到来，并已成就了赎罪之工。救恩的福音亦传到了全世界。基督教会在地上成为基督的身体。那么，还需要作为神仆的以色列吗？她在神关于世界的旨意中还有进一步的地位吗？《圣经》的答案是一个清楚而坚定的"是"。因着神与她所立的永远的恩典之约，以色列继续作为神特殊的仆人。她被呼召将关于神的知识和来自神的祝福带给全世界。

正如神与人类和所有被造之物所立的约一样，神与以色列所立之约是神的盟约。这是一个恩典之约，而神从不背约。祂的盟约并非取决于以色列是否顺服、是否信靠。它完全取决于神、祂永远的爱并祂对以色列与全世界爱和救赎之旨意的信实。祂的盟约永不更改。

一些信仰十分真诚的人则认为，神与以色列所立的约已经在基督里成全了。所以，它已经被超越，已经成为普世性的。我们不再需要神与以色列所立之约。于是，这些人试图如此争辩："基督降临后，祂总结并成全了过去所有的一切。福音已经传到了地极，基督教会也已被建立。所以，现今不再需要神与以色列所立之约，它已经被取代了。"他们认为："既然在基督里已经拥有了更好的事物，为什么我们还回到那些次要的事物上呢？"

我们对这个问题的回答如下：

第一，神与人类和所有被造之物所立之约先于神与亚伯拉罕及其后裔所立之约。前者早已存在。这两个盟约，即神与以色列所立的内在之约（inner covenant）和与人类及所有被造之物所立的外在之约（outer covenant），在整个旧约时代一直以并列和互相关联的方式存在，在新约时代和现今也是如此。因此，认为神与人类和所有被造物所立之约接续了神与以色列所立之约并取代了后者是不正确的。

第二，若有人认为，因为神与以色列所立之约已经在基督里成全了，所以前者已经被取代了，那么神透过以色列的见证就仅仅被视为是为基督所作的预备。换言之，旧约圣经的价值只不过是为基督所做的一种预备而已。因此，一旦有了神在基督里的全备启示，如果有必要的话，我们就可以取消旧约圣经或将其抛弃。然而，这恰恰是错误的！旧的盟约和旧约圣经的确是为基督所做的预备，但它们绝非仅限于此。透过它们，神时刻与祂的百姓同在并与他们说话。在它们里面并藉着它们，我们现今得以与神相遇；如果没有它们，我们就无法清楚地认识基督，也无法清晰地听见神在基督里所说的话。

第三，认为神与以色列所立之约因着被成全而被取代并非合乎圣经。圣经中没有一处提到或暗示，随着基督和新盟约的赐下，旧盟约就被取消了，在神的计划（the economy of God）中不再有效。相反，藉着新盟约的赐下，虽然旧盟约被成全并被超越，但它仍以一种新的方式被证实和确立。神与以色列所立的恩典之约是一个永约。因此，以色列继续作为神的器皿。神藉着并透过以色列对列国实行审判和救赎。无论以色列是否相信，她都继续作为神拣选的子民、成为万国祝福的管道。神一直掌管着现今依然存在祂盟约百姓之中的不信，正如在其他民族内一样。神透过他们仍然对列国说话，并以永生神的身份与他们相遇。

还有些人试图如此争辩："大多数以色列人拒绝基督。即便现在，绝大多数的犹太人并不承认耶稣是弥赛亚。大多数犹太人很可能是不可知论者。因此，他们不会也不能见证神和祂在基督里的救恩。"然而，这又错了！神乃是为自己作见证。神在祂主权的恩典和大能中，并非依赖众人、也非依靠人的信成就祂爱和拯救世界的旨意。神永远掌控着人类的忿怒并将其转为对祂的见证和赞美。为着祂自己荣耀的缘故，神永远管控着万国的罪。祂甚至藉着恩典控制着人类可怕的罪恶，就是人类试图要丢弃神并将荣耀的主钉死在十字架上。神掌管那件罪大恶极之事，并将其变为祂拯救世界的行动！不仅如此，祂从永恒就将其变为祂的救赎行动。同样，神现今也掌管祂盟约百姓（covenant people）的不信，正如神透过他们向列国说话，并以永活的神与他们相遇。

现在，我们要问："**谁是这些盟约的百姓**，就是那些亚伯拉罕的后裔、被神呼召成为祂拯救万国的仆人？"我们该如何理解他们被拣选这件事？

毫无疑问，在神所拣选的百姓中还有另一种拣选。许多人看不到这一点，从而产生诸多混乱。这双重拣选贯穿整本《圣经》，并成为保罗《罗马书》九至十章的核心。

保罗在《罗马书》九4–5里想到的是整个以色列（他们大多数都不相信）。他说："他们是以色列人，那儿子的名分、荣耀、诸约、律法的颁布、敬拜的礼仪、应许都是给他们的。列祖是他们的，基督按肉体说也是从他们出来的。愿在万有之上的神被称颂，直到永远。阿们！"保罗宣告，所有以色列人都包括在这盟约之中。

同样，在以色列中还存在被拣选的少数人。保罗在《罗马书》十一章有论到他们。有以利亚和七千未曾敬拜假神巴力的人。有那些忠于永生之神并忠实为祂作见证的先知与祭司。他们是旧约中真正的教会；在根本意义上而言，他们是真正的盟约百姓，是属神的真以色列，就是《希伯来书》十一章中的那些人。像亚伯拉罕一样，尽管他们从未在肉身中或在世上看见基督，但是他们透过信心和神的灵，藉着基督的义被称为义，靠着圣灵被联于基督。除了这些人，还有那些在五旬节被圣灵充满的使徒与信徒的团体。此外，还有历世历代并直到末日——基督在荣耀中降临召集祂的百姓——前已经信靠或将要信靠基督的众信徒。在基督里，外邦信徒加入到以色列中被拣选的人群里，就是那些真正的盟约百姓。在基督里靠着恩典，他们被带入并成为以色列国度的一员。在这个国度中，犹太人和外邦人之间不存在民族主义的障碍，因为他们在基督耶稣里合而为一（这是保罗在《以弗所书》第二章中的论述）。

就广泛意义上被拣选的以色列百姓而言，从旧约时代直至今日，他们中大多数人不相信在基督耶稣里自我启示的永活真神。尽管如此，这些不信的大多数人仍属于被拣选之列。他们被称为神的器皿和仆人，向世界彰显祂的荣耀。这正是保罗在《罗马书》第九和十一两章中所论述的。神并没有拒绝祂所拣选的这些不信之人。祂并没有因他们的不信就中止了与他们所立之约。祂绝不可能如此行。尽管他们不相信并拒绝神，神依然维系与他们所立之约，并继续透过他们实践祂的旨意，向这世界显明祂的荣耀。

保罗在《罗马书》第九章将不信的以色列比作法老和埃及人。这一比喻一定困扰了保罗的犹太同胞。法老和埃及人拒绝顺服神。神爱他们，并忍耐他们。祂不断给他们悔改的时间和机会，为要使他们有份于神的救恩并得享祝福。由于法老心意的些许改变，神答应了摩西的祷告，停止了摧毁埃及的灾害。然而由于法老再三抵挡神，他最终自取灭亡，也导致了埃及人的灭亡。然而，神掌管着法老固执和悖逆的罪，并利用他的罪向以色列和列国彰显祂的大能和荣耀。同样，保罗在《罗马书》第九章说到，神继续掌管着祂所拣选百姓的罪和悖逆，为的是向世界显明祂的大能、怜悯、赦免、审判和荣耀。

依据这样的背景，我们发现大部分旧约记载和圣经内容是源于以色列的不信和悖逆。因为以色列的罪和悖逆，所以我们这些罪人如今才能认同他们并聆听神藉着我们的罪性对我们所说的话。此外，将耶稣置于死地的正是以色列和外邦人的罪，正如以色列领袖和彼拉多所代表的。神掌管这罪、利用它为世人的罪赎罪并作成我们的救恩，借此把人的忿怒转为对祂的赞美。神掌管以色列的悖逆，使以色列的罪成为神主权恩典和我们领受祝福与救恩的渠道。诚如保罗所说（罗十一11），"因他们的过犯，救恩反而临到外邦人"；保罗又说（12节）："如果他们的过犯成为世界的富足，他们的缺乏成为外邦人的富足，更何况他们全数得救呢？"

圣经不断地将人的行动与神的行动放在一起。这贯穿了整本新旧约《圣经》。一方面，亚伯拉罕自由地认识主并顺服祂；另一方面，神向亚伯拉罕显明自己；祂与亚伯拉罕说话就好像人与朋友说话一样。一方面，以色列任凭自己不认识主也不顺服神；另一方面，神蒙蔽了他们的悟性。

正如摩西在《申命记》二十九3-4（这段经文也是保罗所引述的）所说："就是你亲眼看见的大考验，那些神迹和大奇事。但耶和华到今日还没有使你们心能明白，眼能看见，耳能听见。"当保罗引用《以赛亚书》二十九10"耶和华将沉睡的灵浇灌你们"时，他融合了这两方面思想（人的行动和神的行动）。《罗马书》十一7-8说："以色列人所寻求的，他们没有得着。但是蒙拣选的人得着了，其余的人却成了顽梗不化的……神给他们昏沉的灵，眼睛看不见，耳朵听不到，直到今日。"此外，保罗还在《罗马书》九17提到了法老的例子。一方面，法老硬着己心抵挡神；另一方面，神使法老的心刚硬。法老是自由的行动者（agent）。神使他自由地顺服神以致能拯救他自己和他的百姓，神也使他自由地悖逆神从而为自己和他的百姓招致痛苦。神对法老恩典的呼召是为要使他和他的百姓能享受神救恩的祝福。但这呼召促使法老利用自己的自由去抵挡神，结果为他自己和百姓招致灾祸。神满有慈爱的显现和祂对顺服的呼召使法老在罪中越发刚硬。

在逻辑上，我们无法将二者撮合在一起：法老使自己的心刚硬和神使法老的心刚硬。我们在逻辑上无法将人的行动与神的行动结合在一起。我们只能在信心中将它们相结合。在信心中和神人之间永久的会遇中，这两个论述都是确实的。无论是就经验而言还是就信心而言，两者都是真实的。

换言之，正如先前一样，我们可以根据圣经说，当法老犯罪的时候，神管控他的罪。目的是要向世界彰显祂自己的大能、威严和荣耀。当神的百姓在历史中不断犯罪、直至将荣耀的主钉死时，神掌管着他们的罪，从而靠着神的恩典，"他们的过犯成为世界的富足"，这就是保罗在《罗马书》十一12所说的。靠着神主权的恩典，他们的罪成了拯救世界的渠道。

如此看来，《罗马书》诚然是一卷犹太人的著作，保罗完全是一位犹太人。保罗在贯穿《罗马书》九、十两章的论述中融合并反思了旧约的思想。他并非像一些人错误地认为那样，被自己的思绪所混淆。他与自己在剩下的经文中的论述完全一致。

以色列在当今有何重要性？ 直至今日，犹太人作为一个民族而言仍然不相信耶稣是他们的弥赛亚。许多人，或许是多数人，都不相信神。尽管如此，他们仍然是盟约百姓。藉着他们身上所发生的事，神要向列国显明祂的威严和荣耀。他们依然是作为神仆的百姓，神透过他们以永活的神和历史的主的身份与列国相遇。他们依然是神向世人说话的渠道。神向他们发出挑战，要他们寻求永活的神和耶稣基督的救赎。

神在当代以什么方式通过犹太人会遇列国和世人？

1. 以色列在被逼迫的年代，以最令人恐惧的方式被分散在世界各地。他们在历史中被保留下来这一事实本身就表明了神奇妙的作为。神将他们分别出来并应许"这些定例若能在我面前废掉，以色列的后裔才会在我面前断绝，永远不再成国。这是耶和华说的"（耶三十一—36）。他们的存留指向了神的作为。

2. 犹太民族如今依然存在的事实令我们回想他们的源头，就是神在以色列中曾所说所做并由新旧约所见证的。

3. 犹太民族现今继续存在——尤其是他们回归应许之地——提醒我们，我们与万国不得不思想一位永活的、有位格（personal）的神。祂是一位在时空中行事的神，是一位既施行审判又有怜悯的神。

4. 以色列民生活在应许之地这一事实提醒我们这个世纪的人，我们的命运不在我们的手中。万国的命运没有被掌握在他们自己手中，也没有掌握在他们政府的手中。我们的命运掌握在神的手中。

祂亲自干预历史，向万国发出挑战，为要使他们谦卑顺服于祂，正如祂原先挑战法老一样。

5. 以色列的近代史提醒我们：神一直掌管着世人持续所犯的罪，正如祂成全了祂的爱和救赎的旨意一样。当神自己将要在基督里来临并且万国必会与祂相遇、向祂交账时，整个历史正走向神对这世界旨意的成全。

在希特勒试图抹灭与犹太有关的一切之后，以色列回归到应许之地。这件事不但提醒我们神是历史的主，而且也告诉我们事件似乎正在十分快速地朝着历史的终极目标发展。

以色列继续作为神的盟约百姓，神也继续透过犹太民族说话，并透过他们向万国和万民彰显祂的荣耀。

既然如此，教会现今对犹太民族——就是在广泛拣选的意义上并不相信耶稣是弥赛亚的那些人——应持何种态度呢？

外邦信徒已经加入神百姓中被拣选之列。他们与犹太信徒共同组成了教会。教会就是由所有相信之人组成的。教会从亚伯拉罕开始到基督，从基督到我们当下，并会延续至基督再来的那一日。首先，凡相信的犹太人和外邦人组成的团体超越所有神的仆人，就是被呼召为了世人的救恩而显明基督的那些人。他们和我们对神更宽泛意义上的被拣选的神的百姓应持怎样的态度？

1. 我们必须承认，在被拣选的以色列民中总存在另一个拣选。在神百姓的中间一直存在内在和外在的拣选，包括了那些相信和不信之人。这两个人群都是被拣选的，并且一直如此。因此，如今那群不信耶稣是弥赛亚的犹太人依然属于神的盟约百姓。他们继续作为神的仆人。神藉他们与万国相遇，透过他们向列国说话。

2. 与保罗一样，我们必须承认欠了犹太民族巨债。是他们给予我们对神和耶稣基督的一切知识。他们向我们传递了对神独特的见证，就是新旧约圣经。我们必须谦卑、感恩地承认，我们至今都欠犹太人的债。

3. 在为犹太民族祷告时，我们必须祈求神揭开我们和所有基督徒面前的面罩，承认犹太人为神独特的选民并且爱他们；祈求耶稣的名不再因我们缺乏对主自己百姓的爱而蒙羞受辱，因为如此缺乏爱心会让犹太人变得更难认识耶稣就是他们的弥赛亚这一事实。

4. 我们必须与保罗一起诚挚忠实地祈祷，从犹太人那边除去误解的隔阂，从而他们会欢迎耶稣作为他们的弥赛亚，从而所有的以色列人都会得救。

5. 我们必须祈求，神透过祂的圣灵会拆毁隔断教会和犹太民族的障碍（这是基督徒在近两千年的逼迫中造成的），从而使双方能认识耶稣祂自己并听见祂真实的声音。我们祈求双方承认需要彼此共同去完成神对世界的使命。

6. 我们必须带着确信祈祷，正如以色列的罪由神管控并成为世界的祝福，以色列对基督的接纳和他们的救恩对于世界而言正是"死而复生"。

7. 我们要与保罗一同期待"以色列全家都必得救"的那日。

我们基督徒对以色列该做什么见证？

我们要与保罗共同深切地期待以色列会信靠基督，诚挚地祈祷他们能得救。现今特别需要强调这一方面。这十分重要！因为包括福音派和自由派在内的许多基督徒被教导说，以色列继续作为神盟约百姓，并在神救赎旨意中仍被神使用。他们从而得出这样的结论：教会和以色列在历史中必须是平行前进，彼此认可，承认双方都在神旨意中被神使用，但不要为承认或抵挡基督而试图影响彼此；直到神主动向犹太人启示祂自己就是弥赛亚的时候（正如祂在大马士革路上对保罗所做的），以色列全家将必得救。然而，这与新约的整体精意和教导相佐。基督教的福音诞生于犹太教。让我们思考一下保罗写给加拉太教会的信。他在信中责备试图与基督和唯独在基督里之救恩脱节的任何行为。他对主要由犹太人组成的加拉太教会说："我只传扬基督。若有人传别的福音就当受咒诅。"即使在犹太主义的处境中，保罗依然坚称不应轻看基督耶稣，唯独在祂里面才有救恩。

让我们再思考保罗在《罗马书》十1所说的："弟兄们，我心里所渴望的和向神所求的，是要以色列人得救。"

我们的迫切渴望和恒久祷告就是：为了他们自己和全世界丰盛的祝福与救赎的缘故，以色列终会相信耶稣就是他们的弥赛亚，从而在基督里能被拯救。

此外，我们一定要明白先向犹太人传福音的紧迫性，然后再向外邦人传福音。让我们多思考一下保罗对犹太人救恩的迫切关注和他说的所有关于犹太人的话，即有关他们的罪，更多的是关于他们的救恩如何成为外邦人祝福的源头。并且将这些与主对我们的命令相结合，就是往普天下传福音，首先在耶路撒冷，然后在犹太全地，再到撒玛利亚，直到地极（徒一8）；或者将保罗在《罗马书》九、十一两章所关注的和他在《罗马书》一16所说的相结合，即"这福音本是神的大能，要救一切相信的，先是犹太人，后是希腊人"。我们在这里看到普世宣教的命令乃是赐给历代教会的。我们要先向犹太人传福音，然后再向外邦人传福音。换言之，我们为犹太人的救赎祈祷和对此事的关注必须放在我们现今向全世界宣教的中心地位。这必须既在神学上、又在实践上影响并指引我们普世宣教的事工。我们必须竭尽全力向全世界宣教，凭信心并且确信，当犹太人归信耶稣基督时，我们期待并努力追求的丰盛祝福会丰丰富富地向余下的外邦人涌流——甚至流向所有被造之物。

但是，当我们负责向犹太人做见证的同时，还需注意以下几点。或许应该说，我们极需从基督而来的智慧和爱。

1. 承认以色列仍是神的盟约百姓很重要。所以，他们与万国万民不同。我们不可能以向外邦人传福音的方式给犹太人传福音。有信仰的犹太人与我们所信的是同一位神。福音源自犹太教。保罗说（罗十2）："我为他们作证，他们对神有热心，但不是按着真知识。"我们与他们接触的时候必须要认识这一点，并且要以与他人接触的方式不同。我们要以对待兄长的方式与他们接触。他们与我们属于同一家庭。他们属于正宗血统，我们则是被收养的。我们与兄弟谈话必然与陌生人谈话不同。就属灵层面而言，犹太人是我们的弟兄。

2. 基督教会的整个历史和长久可悲的基督徒反犹太主义（anti-Semitism）的历史，包括从屠杀犹太人的时代并延续至今，意味着我们必须要为与他们相处的方法深刻真挚地谦卑忏悔。作为基督徒，我们深深地伤害了犹太人。这使他们在过去的时间里更难理解基督或想要就近基督。在历史上，十字架对他们而言象征着对他们极度的憎恨和逼迫。我们需要真正祈求他们的赦免，寻求和好。

3. 在基督里与他们接触的时候，我们需要比过去更深地承认对犹太人大屠杀（Holocaust）所造成的恶劣影响和伤害。那次大屠杀现在被视为犹太历上第三大重要事件。另外两件是以色列人在摩西带领下"出埃及"和"耶路撒冷被毁和随后的流亡"。大屠杀被视为犹太历上第三重要事件，并非仅因为六百万犹太人（他们总数的三分之一）被暴力残害，还因为这一行为试图一次性抹除与犹太人相关的一切事物。我们这些外邦人是否能够理解所有这些对现今的犹太人意味着什么？或者对他们的思想和生存造成了多么巨大的影响？我们无法扭转历史的巨轮。我们不应该、也不敢重拾教会在大屠杀前对犹太人所持的态度。在接触他们并关注他们应归信耶稣是弥赛亚时，我们必须意识到大屠杀的事实和它对我们犹太弟兄姊妹造成的影响，并对我们的良心造成的影响。

4. 在与他们接触中，我们必须像那些迫切想要向他们学习的人一样，像那些开放的、时刻准备接受教导并改变自己的思想和生活方式的人一样。作为外邦基督徒，我们需要犹太人，需要相信的犹太人，目的是要使我们与他们一起可以成长到如基督完全一样。

那么，我们该如何在基督里与他们接触呢？无疑，我们需要向他们见证基督。然而这并非简单地在话语上，或许主要不是在话语上，而是在生活中，藉着我们对他们的理解、我们的爱、悔改去寻求他们的赦免和怜悯。犹太人渴望被爱，我们人人都如此。然而，由于他们长期被厌恶和逼迫的痛苦历史，犹太人特别期待被我们理解、被接纳和被爱。奉基督的名我们被命令要去爱他们——在基督里为着他们的福祉爱他们，因我们的救主永远成为犹太人而去爱他们。

总结

让我们每日都为犹太人祷告，祈求耶稣会向祂自己所爱的百姓显明祂自己，祈求他们能认识祂并欢迎祂成为他们的弥赛亚，以致得救。让我们祈求教会和犹太百姓能够和好，成全神向世人的使命。让我们保持这一伟大的异象，就是保罗传递给我们的，即以色列全家将会得救，并会给全世界带来丰盛的祝福。让我们思想一下：这世界在属灵和物质上都得益于犹太人。让我们想一想他们强大的生命力、活力和才华、并对现代科学和医学的突出贡献（他们在这些领域领先世界）。试想：如果这种活力和生命力被用来扩展福音将会产生何等景象！让我们为眼前这一异象祷告。

挑旺灵火

1. 耶稣的降临对教会受惠于犹太人有何意义?

2. 大卫·托伦斯说的"被拣选之人中的拣选"是什么意思? 这该如何应用于我们现今对以色列的看法?

3. 神继续管控着人的罪和忿怒。这在完成祂的旨意中有何重要性? 这对以色列有何意义?

4. 现今神以怎样的方式继续使用祂所拣选的以色列民?

5. 教会在历史上如何阻碍犹太人认识耶稣、倾听福音?

6. 现今的教会对犹太人应持有怎样的态度?

后记 福音的遗产
约克·斯坦（Jock Stein）

本章讲述有关托伦斯一家的部分事迹，让读者可以稍微了解这些文章背后的人物，尤其是福音对他们的影响、以及福音通过他们对别人的影响。本章与其说是一篇传记，倒不如说是对他们的赞赏。例如，本章根本没有提及他们各自特有或者是出人意料的相佐的政治观点。

我很感激沃克尔（Robert B. W. Walker）牧师。在 70 年前，他与这家人相识，之后娶了托伦斯三兄弟的姐姐格蕾（Grace）为妻。他提供了诸多资料，他公子沃克尔（Robert T. Walker）也做了有益的点评。

卡尔·巴特在《教会教义学》一书中讲到，圣经的家庭观并不是关于父亲、母亲、儿子、女儿，而是丈夫和妻子将他们的信仰传统传递给他们子女，而子女再传给他们下一代。一对夫妻如何藉着祷告和养育将自己的信仰传给子女呢？托伦斯一家不能不说是一个杰出的范例。

他们的父亲陶然士（Thomas Torrance）于 1871 年出生在缪尔黑德（Muirhead）畜牧农场，位于苏格兰拉纳郡的肖次老教堂的哈特（Hart）山外。他们的母亲安妮·伊丽莎白·夏普（Annie Elizabeth Sharpe）则于 1883 年生于英格兰萨利的李氏满（Richmond, Surrey）。他们二人一接触到福音，就欢欢喜喜地相信了，接受并承认基督是他们生命的主，视自己为这神圣遗产的继承者和传递者。来自圣公会背景的夏普立刻将神的爱传扬给别人，直到 96 岁离世前从不间断。一直到 88 岁经历短暂病痛离世前，陶然士从没有停止传福音：或是在自己喜爱的讲道中，或是在写作中，抑或是在与遇见之人的交谈中，并常将福音单张送给他们。

当意识到神呼召他们到中国宣教的时候，他们各自接受了装备——一个作了牧师、一个作了一名普通的福音工人。他们都由当时的内地会差派去中国：陶然士是在 1896 年，夏普则在 1907 年。他们各自在自己的岗位上尽心尽力。不久，陶然士也开始协助美国圣经公会（American Bible Society）开展福音工作。他跟后者的关系越来越紧密。随后，他在 1910 年回苏格兰参加"爱丁堡国际宣教大会"（Edinburgh Missionary Conference）时，被正式邀请接管美国圣经公会在四川这一西北边陲大省的事工。对精力充沛、极富组织能力的陶然士而言，这项事工禾场辽阔、充满挑战。内地会当时也为他提供了很大的自由空间。这时，他已经很好地掌握了语言（大半中国都讲普通话）。除此之外，他也因对中国历史、文学的广博知识而名闻遐迩。他还是中国陶瓷的专家。他协助创建了成都的华西博物馆。他收藏的一些陶瓷和艺术品现珍藏在大英博物馆和苏格兰皇家博物馆。他于 1911 年与夏普（他称她贝娣（Betty））结婚。这桩婚姻极大地促进了他的服侍，因为夏普在福音工作上与他完全合一。她时刻支持、鼓励陶然士，并为婚姻加添了实践的智慧和其它出众的才华。藉着每日一同灵修并依靠神的恩典，他们把基督带给成千上万的中国人。安妮·托伦斯（Annie Torrance）多年前写的《我们将如何培养孩子？》（How Shall We Train the Child?）最近在美国出版，目前正由爱丁堡的 Rutherford House 连载。本书对父母应该如何在信仰中养育儿女有深刻的洞见。陶然士写了《中国的第一批宣教士》（China's First Missionaries）。他在书中认为，生活在遥远四川的西北羌族人的信仰和习俗有起源于闪族（Semitic）的迹象。

在陶然士的领导下，美国圣经公会在四川的工作大范围地迅速扩展，其中包括培养很多销售属灵书籍人员和训练门徒，以便将福音的财富传给他们的同胞。可写的东西真是多之又多，远远超出了本文的范围。只提一件事为证：在中国近 40 年服侍的最后一年，陶然士培训的团队就散发了 100 多万份材料——圣经、圣经摘抄和他自己写的小册子与单张。

陶然士和夏普很受祝福，有了六个儿女。他们都出生在中国。早在出生前，父母就庄严地将他们每个人奉献给神、服侍祂，在祷告中祈愿他们都能有份于福音事工。三个女儿玛丽（Mary）、格蕾斯（Grace）和玛格丽特（Margaret）都嫁给了牧师；三个儿子托马斯（Thomas）、雅各（James）和大卫（David）都作了牧师。他们六人都属于苏格兰教会（the Church of Scotland）系统。两个女儿和她们多丈夫在中非宣教，一个女儿和她丈夫在黎巴嫩有过短期服侍。身为父母，他们努力遵行《申命记》的吩咐："要殷勤教训你的儿女，无论你坐在家里、行在路上、躺下起来，都要谈论。"他们每日举行家庭崇拜，一起读经和祷告。他们鼓励孩子每人定期通读

《圣经》，在阅读前和阅读中都要祷告。他们父母制定的每天读三
章、主日读五章的进度意味着他们每年可以通读一遍圣经。退休以
后，他们每年通读两次。安妮在晚年时的最后一两年视力开始下降，
为了避免大量阅读影响视力，除了《圣经》之外她几乎不读任何其
它书籍。多年下来，她读《圣经》应该有五六十次之多。

　　长子托马斯出生于 1913 年，早期在成都接受教育。与他的父
亲一样，他母亲在学术上也极具才华。她在华西大学教授圣经和英
语文学。然而，她并没有给孩子压力，不帮他们做家庭作业，只是
盼望他们能带着基督教价值观在敬虔中成长。有一天，9 岁的托马
斯逃学。之后班主任家访，对母亲说，托马斯真蠢，至今还不懂乘
法口诀。母亲忍耐到了一个地步，即使儿子在拉纳郡的贝尔希尔
（Bellshill）学院表现优秀，她说她还不明白如果儿子真的愚笨，
为什么还得到老师的奖励。

　　托马斯一直读到文学硕士，没有拿传统的荣誉学位
（Honours）。选择少读一年的原因是节省费用给家里的弟弟妹妹
上学。无论如何，他心情迫切要继续攻读神学，最后以优异成绩获
取道学学士（神学）（B. D. in Theology）。

　　后来，托马斯师从卡尔·巴特在巴塞尔（Basel）攻读神学博士。
刚到一年时间，奥本神学院（美国）（Auburn Theological Seminary）
请约翰·贝利（John Baillie）教授推荐一名苏格兰人去担任教授教
职一年，以解燃眉之急。就这样，托马斯战战兢兢去面对他的第一
批学生。有些比他年纪大许多的学生开始纳闷，这位来自苏格兰的
青年才俊究竟有何本事。但是，他们不久就开始尊重和欣赏他了。
有一次，有人突然在他的课堂上叫起来。一名学生无法接受托马斯

关于耶稣的神性的教导。听到他惯常直截了当的回答，你不相信是
"因为你不思考"，那个学生立刻哑口无言了。这位同学因为这个
问题纠结了三天三夜，食不甘味、夜不能寐。有一天，他突然豁然
开朗，接受了老师的分析，成了坚定的信徒。当然，托马斯这种单
刀直入的方法并不是对每个学生都奏效。

离开奥本神学院的时刻到了，美国虽然有其它机会，但苏格兰
在呼唤他。特别一想到祖国还处在战争状态，他就想要回去。托马
斯在牛津大学奥利学院（Oriel College）滞留了一段时间后被按立，
先在巴若尼（Barony）和阿力士（Alyth）担任教区牧师，后来担任
了阿伯丁（Aberdeen）毕斯格瑞（Beechgrove）教会的牧师。在阿
力士教会，一位习惯听道打盹儿的老人抱怨说，自从新牧师来了以
后，他就再也不打盹了！在担任两届牧职之间的时间，他在中东和
意大利战场担任随军牧师。之后又在巴塞尔呆了一学期，然后到了
阿伯丁牧养第二间教会。他在巴若尼和毕斯格瑞的服事既坚固了教
会又硕果累累，几名会友后来成了牧师和宣教士。离开阿伯丁后，
他先被聘为爱丁堡大学新学院（译者注：爱丁堡大学的神学院）教
会史教授，两年后转成基督教教义学讲席教授。他担任后一个教职
达 27 年之久。

这里不能一一罗列托马斯紧张忙碌的学术生涯、或他弟弟雅各
和大卫在他们各自不同的事奉道路上所取得的伟大成就。例如，托
马斯创办了《苏格兰神学期刊》（Scottish Journal of Theology）并负
责许多学术团体。他著作等身，包括荣获邓普顿宗教奖（Templeton
Prize for Religion）的《神学的科学》（Theological Science）。他担
任过苏格兰教会总会主席。因为战时服役，他荣获"大英帝国奖

章"，后成为英国皇家学院和爱丁堡皇家学院院士；又是国际宗教
与科学学会会员，并担任该学会主席九年时间；也是国际哲学和科
学学院院士。托马斯去过世界各地讲道、讲学、参加会议，帮助启
动和制定新的事工方案。可是在服役结束后，他却跟母亲说："我
天生就是做学问的！"

　　出生在 1923 和 1924 年的雅各和大卫都在苏格兰接受教育。他
们先在贝尔希尔（Bellshill）和吉莱斯皮（James Gillespie）学校和
皇家爱丁堡中学上学。二战爆发之后，雅各在埃尔郡（Ayrshire）
的梅博尔（Maybole）读完最后一段，而大卫先去了梅博尔，然后
到佩思郡（Perthshire）的布莱尔高里（Blairgowrie），最后回到皇
家中学（Royal High School in Edinburgh）就读。

　　雅各 20 岁征兵入伍，在皇家空军服役，整个战争期间都在南
英格兰。之后回到爱丁堡大学完成了本科学位，摘走了逻辑学、形
而上学和道德哲学奖章，荣获哲学学士一等荣誉学位。道德哲学教
授约翰·马克穆雷（John Macmurray）在教学生涯的末期曾经跟另
一个教授说，他教过的所有学生中数雅各最优秀。雅各在文学院攻
读哲学后转到了神学院。在那里，他荣获神学方面的道学荣誉学士
优等学位。后来，他去了西德的马尔堡（Marburg）学习德语，之
后去了瑞士的巴塞尔师从卡尔·巴特，奥斯卡·卡尔曼（Oscar
Cullmann），卡尔·卢德维格·施密特（Karl Ludwig Schmidt）和瓦
特·艾斯洛德（Walther Eichrodt）。后来，他去了牛津的曼斯菲尔
德学院（Mansfield College），主要研究加尔文的著作。就在他离开
牛津之前，他的研究生同学在学院草坪上列队行走，手持从雅各房
间偷出来的大本加尔文书、兴致勃勃地高唱到："加尔文是我挚爱，

加尔文是我挚爱，加尔文是我挚爱，哦！"雅各在回苏格兰之后被按立为牧师，在佩思郡（Perthshire）的因弗高里（Invergowrie）教区牧会。那里的会众反应很积极，他建立了规模巨大和繁荣的青年事工，带领很多人信了耶稣。他开的圣经班从 10 人发展到 75 人以上。

然而，他并没有脱离群众。有一次，邻近教区的牧者被邀请参加在因弗高里（Invergowrie）举行的一个聚会。有人公开提到雅各的优异成绩。在场的一位女会友听到此事后说："我从来不知道我们的牧师如此聪明。跟他对话时，根本想不到他如此有智慧！"

他学术功底深厚，有显著的教导恩赐、稳固的信仰根基和强烈的异象。这些综合素质为他日后培养讲道和主持圣礼的牧者打下了良好基础。毫不稀奇，几年后他先被母校爱丁堡大学神学院聘请为基督教思想史讲师，之后任基督教教义学高级讲师。经过 16 年硕果累累的服事，他被阿伯丁大学国王学院聘为系统神学讲席教授。在任职 13 年间，他担任过院长一职，直到 1989 年退休。在此期间，他儿子阿兰（Alan）也在同一个系里任教——如果不是同事们背着雅各面试阿兰，他肯定不允许这种事情发生的。

他多年担任苏格兰教会教义委员会（Church of Scotland's Panel on Doctrine）主席（Convener），全英教会三位一体教义委员会（British Council of Churches' Commission on the Doctrine of the Trinity）联合主席，世界改革宗联合会（World Alliance of Reformed Churches）的神学顾问和世界路德宗联会（Lutheran World Federation）主席。同时，他多年担任苏格兰教会和苏格兰天主教教义联合委员会的联合主席。他著述颇丰，涵盖了三一论、敬拜神

学、约翰·司各托（John Duns Scotus）、加尔文、苏格兰神学、清
教徒主义、施来马赫、卡尔·巴特，有些文章被收入于神学词典，
还有专著《敬拜、团体和恩典的三一神》（Worship, Community and
the Triune God of Grace）。自退休后，他主要把精力放在去国外讲
学和讲道上。现在，他想花时间进一步撰写有关敬拜、祷告和三一
论的文章，并准备普林斯顿的沃菲尔德（Warfield）讲座（译者注：
雅各·托伦斯在 2001 年主讲了沃菲尔德讲座）。

　　大卫在大学期间获爱丁堡大学优等哲学学士学位（荣获高年纪
奖章和逻辑学及形而上学奖项），后来荣获神学院优秀道学学士荣
誉学位（神学）。第一学位因为二战期间入伍而暂时中断。经过训
练，他在英国两个不同军种服役，之后去了印度。他在部队度过了
一段比较艰难的时光。尽管如此，他一直保持着幽默感。一些高级
军官采取某些方法、命令语气、指令和术语来取笑他们，因为那些
军官试图给所谓无知的"下级军官"们灌输军队的知识。可是，当
中有些人比军官要聪明得多，比他们所受的教育程度也更高。日后
回想，他心存感激。在这段时间里，他有大量时间默想关于神的事
情，在家中所学的东西和圣经，生活的现实问题，还有神对他生命
的计划等。那是他日渐成熟的时间。在那段时间里，他克服了羞涩
的本性，日渐成熟。这对他的成长特别重要。

　　在回苏格兰之后和教区全职事奉之前的时间里，无论是在大学
前、大学期间或大学毕业后，大卫都有很多机会去宣教——在大学
基督徒联会、在神学院、同汤姆森（D. P. Thomson）参与"向苏格
兰宣告"（Tell Scotland）的事工、与葛培里（Billy Graham）同工、
进行咨询和培训咨询员。在教区牧会期间，大卫还多年带领苏格兰

教会海边宣教团奔赴各处服事，有时带领 60 多人的团队。有一次，他带领一个包括带职事奉人员在内共有 100 人的宣教团。很多队员来自他自己牧养的教会。这些宣教活动塑造并坚固了很多基督徒的生活和见证，有些人开始相信并因基督的爱而喜乐，有几个人如今在全职牧会。他谢绝了在大学教书的机会，因为他没有这方面的呼召。后来，当他三次接受去非洲教神学的邀请时，前面的道路突然都不通了。

饶有趣味的是，根据全部三年神学课程成绩评定，他们三兄弟每人都是神学院各自年级的"最优学生"，都荣获卡宁汉高级奖学金（Senior Cunningham Fellowship）。然而，有人曾认为他们三兄弟不聪明，就是托马斯的中国的校长、雅各的教区会友和大卫的教会同工。在第一间教会事奉一年后，那个教区的小学校长问大卫："你上过大学吗？"

还有其它有趣的相似之处。他们三兄弟都爱好养蜂和滑雪，都在苏格兰教会服事，三人都是宣教士和神学家，而且每人或多或少都有海外服事多经历。三兄弟都与医学界淑女喜结良缘——托马斯娶了玛丽·斯皮尔（Margaret Spear）护士，雅各娶了玛丽·阿特金（Mary Aitken）医生，大卫娶了伊丽莎白·巴顿（Elizabeth Barton）医生。三个兄弟都很受祝福，各自娶到一位有恩赐和积极支持他们的太太。夫妻在生活工作上同心协力，婚姻和谐幸福。他们的婚姻本身就是绝好的榜样和见证。他们各有三个孩子，全是委身的基督徒。三家各有一个子女在教会全职服侍。笔者从三兄弟每人身上都获益匪浅，难以言表。托马斯和雅各还有一个相同之处：各有纪念性论文集献给他们。

我即使有资格，这里也不合宜对他们的神学进行评价。我只不过是分享一下他们的为人，简单地评述他们给子女和朋友、听过和读过他们著作的人在传承福音的遗产上做出的贡献。他们虽然切实被福音深深吸引，但并没有被困在神学学术的象牙之塔中。这种心态使他们能够洞见福音的重要意义，有时甚至影响到社会和政治上与正义和怜悯有关的事项。我想举出几个与他们的生活、成长和性格有关的例子。

他们每人都承认自己从父母那里得到很多。如上文所述，他们的父母从他们小时候起，甚至在他们出生前就为他们祈祷；每天在家庭灵修中与他们一起祷告，教导他们喜爱《圣经》并每天坚持自己读经。他们藉着父母逐渐坚信，当他们敞开心扉去聆听祂是谁、祂在耶稣里为世人做了什么、应该如何在祂的带领下为祂生活和工作的时候，神的确在通过《圣经》跟他们讲话。对他们而言，神确实存在。他们在祂的爱中有保障。他们就在这样的环境中以喜乐之心领受了神话语的遗产（the legacy of the Word）。这种喜乐从来没有离开他们。他们从小就被鼓励阅读书籍。比如，罗伯特·布鲁斯（Robert Bruce）的《圣礼论》（The Sacraments）、路德的《加拉太书注释》并许多宣教经典。他们在中学时期就读过这些书，很喜欢它们。这些书也给他们留下了深刻的印象。他们从没有受到学业的压力，非要在学校取得良好的成绩。所以，他们在和睦幸福的家庭中长大。

托马斯的孩童时期就有机会陪父亲在中国巡回布道，参与美国圣经公会的事工，特别是在遥远西部的羌族那里服事，赠送和卖《圣经》或节选内容、讲道、交谈、目睹羌族和汉族人因信耶稣而有的喜乐。他还看到，在无人释经的情况下，单纯阅读圣经就能在基督里得到新生命。他孩童时期的志向就是，有朝一日能像父亲那样将同样的好消息告诉别人。我们知道，后来他曾有意愿回中国做宣教士。他热爱中国之心驱使他在近80高龄之时访问中国，甚至80多岁时还访问过一次。他怀着40多年的感激和爱慕之情访问了孩童时代的成都市，拜访了羌族人，见到了那些仍记得他父亲的老人们。他访问的目的之一是支持成都的教会、鼓励羌族人民重修教堂（不光是教堂建筑或福音堂）。因为在他父亲那时，由于政局不稳、教堂被毁、门徒遭迫害。为了安全，他父亲将购置的一所教堂的房契带回了英国。后来，他在一次访问时将它交还给当地有关部门。

托马斯十七八岁的时候，他约了一个朋友在南昆斯费里（South Queensferry）的海湾铁路桥下进行露天布道。虽然听众通常很少，但是他们还是继续讲道，尽管他们不见一人在听。这次宣教的成果之一在大约四十年后才知晓。阿伯丁的一位老太太对大卫说，她和作为药剂师的丈夫是在那次宣教活动中信基督的。其它正式的宣教事工是在校园里和校园外进行的。有些预备服事的学生在学习过程中信了主，有的是通过上课，有的是因着与他有个人交谈。他的影响下至文学院学生（比如，我太太就是听了托马斯在基督教联合会上的讲演后就去了爱丁堡神学院），上至美国上议院院牧（那里有托马斯的画像）。

托马斯一直以有力宣告永恒的神道成肉身这一令人震惊的事实而远近闻名，就是强调永生的圣子进入我们黑暗和羞耻的境地、进入我们悖逆和疏离的深处代替我们，为要带来赦罪并在祂自己完美的人性中更新、恢复我们的人性。他们兄弟以各自不同的方式始终强调，教会需要重新倾听基督的独一性，聆听祂藉着全部的生命、受难、复活，在圣洁和信实中完全顺服地为我们向圣父所献之祭。祂以我们的人性复活并升天到了父那里，将我们人的本性（human nature）提升到祂与父和圣灵永恒的相交之中。之后，祂差遣圣灵扶持我们，使我们与祂的得胜、复活和祂自己与父的相交有份。圣灵被赐下是为了将我们升到基督那里，与祂有份，并开导我们认识祂。这样，圣灵将我们与基督联合，同时将基督与我们联合，使得我们知晓祂与我们同在。作为我们的大祭司，耶稣永远为我们祈求，让我们在圣灵中参与祂为世人继续进行的代求和事工，让我们相信，祂再来时万物将在祂里面完满终结。正如雅各和大卫一样，强调这些重点的背后信念是对神在基督里自我启示之喜乐有确据。假如没有这一点，我们只能模糊地猜测神到底是谁。

除了他的影响和成就，托马斯随时准备以柔和、良善对待那些有需要的人。托马斯有时候花很多时间到医院探访学生，或者耐心地辅导他们、回答他们的问题。

雅各也如此。通过自己对福音的领受，他为苏格兰和世界其它各地做出了特别的贡献。在早年读本科和研究生时，雅各参加了不同的外展事工。作为英国校园团契（IVF）代表，雅各在苏格兰带领过几个此类事工。爱丁堡和阿伯丁的很多学生怀着感激之情回顾，当年如何在他的指导下学习理解基督教信仰，成为他们将来的事工的异象和基础。他们几乎毫无例外地称赞，雅各讲课比其他老师更简洁易懂，容易抓住和记住课程内容的重点。

在爱丁堡新学院和阿伯丁国王学院任教期间，雅各经常到海外讲学。退休之后，讲学的机会就更多了。他去过许多神学院、学院、大会、学术会议和教会，足迹遍及美国、加拿大、新西兰、澳大利亚、南非和北爱尔兰，甚至西萨木亚群岛（Western Samoa），有时行程长达二至三个月。无论到哪里，他总是受到热烈欢迎，不断被再次邀请。很多牧者发现，他们对无条件恩典的福音和基督持续代求的新认识，扭转了他们整个服事的方向。这些新的洞见都写在《敬拜，团体和恩典的三一神》一书中。

基督的福音一旦紧紧抓住了一个人，它就催促那人时刻准备传讲真理，从而往往会对社会和政治局势有新的洞见。在南非实行种族隔离期间，雅各在长途旅程中经常会遇到种族隔离制度的支持者。这些人往往满怀热情地为自己的立场辩护，甚至从《圣经》里找根据。在很多次讲座中，在不同的大学里，在荷兰改革宗学院，在一次国际加尔文会议上，每一次批判该制度的时候，雅各都本着清晰的基督论立场。他说到，将基督展现给黑人和有色人种，"不仅是要向他们显明赦罪和救恩，而且是还他们人性和尊严"。道成肉身意味着基督取了我们的人性，不分黑白肤色和男女性别，将之分别为圣，无瑕疵地献给了父，然后归还于我们。因而，神让我们为所有人追求公正和平等权利。在担任大公会主席期间，托马斯对南非进行了短期访问。在会见荷兰改革宗教会著名领袖时，托马斯一如既往地直率坦白。那些绝大多数领袖都支持种族隔离的政策。除了这些人，他还会晤了南非总统。托马斯的谈话如此的直截了当，以至于总统说从来没人对他这样讲话。他言外之意也许是指没人敢对他那样讲话。对雅各而言，在提出的所有方案中，只有一个方案才能解决南非种族隔离这个异常困难的问题。随后采取的方案恰恰就是他提出来的。大卫则对犹太和阿拉伯之间的冲突有深刻的认识。早在 1991 年海湾战争前，他因为曾经建议救科威特的方案遭到一位教会领袖的耻笑。那时候，解决中东问题的关键就是伊拉克。时至今日，这一洞见更显正确。

雅各和托马斯在推介约翰·麦克劳·坎贝尔（John McLeod Campbell）的过程中起了关键作用，特别是在推广再版的《赎罪的本质》（The Nature of the Atonement）一书。本书所涉及的一个极其重要的问题就是目前人们广泛接受的"有限救赎论"，而坎贝尔则反对这种观点。这也是导致他 1831 年被苏格兰教会解除圣职的缘由之一。160 多年后，大公会临时主席禁止雅各担任一间海外教会的牧师。此事让会众感到极为震惊，原因是雅各本人也不赞同有限赎罪论这一教义。他坚定地认为，基督的死是为了全人类而不单单是为那些被拣选的。有一次，他有机会在一个大型会议上发言，讲的是他曾经在加尔文国际研讨会中讲过的题为《盟约神学的概念——加尔文是一位盟约神学家吗？》（The Concept of Federal Theology—Was Calvin a Federal Theologian?）的文章。他在那次聚会上争辩说，加尔文从来没有教导"有限赎罪论"。他认为，假如一间教会拒绝按立不持有限赎罪论的候选人，那肯定也不会按立路德、加尔文和卫斯理！

雅各一直强调的基督持续代求在一次偶然事件中得到印证。有一次，雅各在太平洋的某一海滩边游泳。一位路过的男士见到此景感到很惊奇，居然有人会在如此冰冷的水里游泳。在相互介绍之后才得知，这位男士正处在深深的哀痛中。他钟爱的太太患了癌症，正频临死亡。那时，他正在尝试祷告，却一句话也说不出来。他父亲是牧师，可他自己却远离教会。他曾经祷告过，可现在怎么也无法祷告。雅各立刻将他引向基督和有关经文，简单地对他说，基督正在为他代求。然后，雅各和他一同在海滩上祷告。他问雅各是否愿意来见他太太，把这件将他心灵彻底激活的经历告诉他太太？雅各非常高兴地去了，并与他们夫妇一起祷告。后来，雅各收到了一封信。信里说，这对恩爱夫妻在剩余的日子里活得十分精彩，深知神永远爱他们的。

为了试图把教会引回到她的根，雅各着重强调的另一件事就是三一论。这也是托马斯多年来通过思想和写作做出巨大贡献的主题。在这方面，弟弟大卫也完全赞同。雅各亲口告诉我们说，在印度宣教多年的大名鼎鼎的莱斯利·纽宾主教（Biship Lesslie Newbigin）曾说，西方教会在很大程度上已经丢弃了三位一体的教义。因此非常有必要恢复这一作为信仰终极根基的教义。雅各担任过代表英国所有主流教会的"英国教会三位一体教义联会"（British Council of Churches on the Doctrine of the Trinity）的联合主席。在任职期间，他出版了三本题目为《被遗忘的三位一体》的小册子。雅各还经常就盟约神学以及它对教会的教义和生活的负面影响进行写作和讲演。他长期关注的其它题目包括对基督的代替人性的强调，特别是强调神是恩约的神（covenant-God）而不是契约的神（contract-God）这一事实。用他的话说，常人通常把合约理解为"一种法律关系，其中双方为了达到将来的某种目的而互相联合"，但是"神学上的恩约是一应许，将双方联合而无条件地彼此相爱"。也许，雅各是因着不断简明地强调这一点而产生了巨大影响。

托马斯和雅各的事奉主要集中在学术研究和教学领域，大卫则把精力一直放在教牧上。无论在苏格兰还是在海外，大卫都特别强调教会在实践中持续的使命。

我们先前已提到影响大卫的海外服役经历。二战结束的时候，大卫还在印度的丛林师团服役。不久，他就得为自己的未来做出选择，面对长久以来所感到的进入教牧事奉的呼召。他告诉我们，他不断想要抗拒这一呼召，甚至到了一个地步，他不想退伍回家。因为他知道，如果一回家神一定会叫他去牧会。他愿意做任何其它事情去服侍神，只要不牧会就好。他在祷告中将自己奉献给神，要回到印度做医疗宣教士，服侍那里的穷人。他并不特别想做医生。但是，单单为了逃脱做牧师这一越来越紧迫甚至令人惧怕的呼召，他更愿意做一名医生。之后，他经过整整三天的"煎熬"。那时，他感到自己似乎"被撕裂"。接着，他独自在兵营里感到神奇妙而有能力的同在，几乎可以触摸到祂。神还在坚持呼召他。他还在抵挡。紧接着一个令人震惊的声音告诉他，如果他拒绝，他就"永无安宁和喜乐"。他完全崩溃了。他跪在兵营的泥土上祷告说："主啊，我可以牧会，不过这可是你要我做的。"他说，那是一个特别别扭的祷告。但是，神迹发生了。他立刻被一种"难以言明的喜乐和平安充满"，而这种"做福音牧者的喜乐从此没有离开过他"。回到苏格兰后，他不但想通了，而且还翘首盼望做一位牧者。

无论在爱丁堡布劳顿教会（Broughton Place Church）还是在何定屯（Haddington）的圣玛丽教会（St. Mary's），他都以助理牧师的身份从事青年事工。从这两间教会出来的会友，有些从事牧会，还有些在海外宣教。

他们三兄弟在分享福音上从来都是单刀直入的。有一次在苏格兰北部宣教中，一位退休军官认为，如果严重违抗军令就会被送上军事法庭。大卫告诉那位军官，如果他拒绝参加敬拜神，会被他判"悖逆"罪，而且不是别人、乃是万王之王宣召他到军事法庭！过了几个月，"向苏格兰宣告"收到一封友爱的感谢信，里面夹着一笔可观的捐款支持宣教。那位军官还真没有忘记那次对话！

托马斯 1936 年访问中东的回忆录（那时他获得一笔斯图特游学奖学金（Stuart Blackie Travelling Fellowship in Greek），这个奖学金是支持研究圣经语言和考古的），抑或是他二战期间在意大利的经历，都包含惊心动魄的故事。他父母和其他家庭成员每日在家祷告。这是否是他安全返乡的因素呢？他有幸从有毒的饮料中生还，几次差点丧命在刺刀和其它致命武器之下；被阿拉伯人用左轮手枪指着、控告他是犹太人；在伊拉克刚目击到人体在脖子上被吊起就以"奸细"的名义被捕，之后被判死刑；随后被警察押运至巴格达（Baghdad），最后被驱逐到叙利亚。这些不过是一些插曲而已。

有时候，最怪异的处境往往成为播下神话语种子的机会。有一天夜间，他正在奥林匹亚山的一条小河边靠近一座修道院的安静角落灵修。一个修道士拄着拐棍一拐一拐地走来。修道士在询问托马斯在读什么书后异常兴奋，因为他看到了托马斯手中的希腊文新约圣经。修道士几乎不能相信。显然，他们修道院里面所有的不过是一本经文卷（Lectionary）而已。尽管修道士再三推辞，托马斯还是把那本新约圣经送给了他。第二天，当独自攀登奥林匹亚山下来时，托马斯看见那位修道士正在小溪旁津津有味地研读那本新约圣经！他像"完全变了个人，似乎内在的光照亮了全人，从眼睛里面闪烁"。托马斯说："我一看就知道是神话语的唤醒和光照的大能，因为那正是我孩童时代在中国所经历的。"60 多年前这些宝贵的游历经历一直伴随着托马斯后来的福音事工。当托马斯离开那里前往雅典的时候，他们交换了拐杖。托马斯得到了一根结结实实的爬山杖。他在以后的教牧探访中就是拿着它。

二战时，托马斯在意大利服役期间不顾长官的劝告和担心，坚持亲自到前线跟进攻的士兵在一起。当时，他所在单位是苏格兰教会后勤服务（Church of Scotland Huts and Canteens）。为了工作，上级专门给他配备了一部专用车。有一次过圣诞，他只身穿过无人区去抓一头乳猪犒劳士兵。他很清楚，在回来的路上一旦猪叫就会有严重的后果。他屡次置身于冲锋队之中，忍受艰苦的条件并经历战争的恐怖和悲剧。他曾目睹自己身旁两个战士被炸得粉身碎骨，然后收集找到的尸骨残骸将其埋葬，为他们举行葬礼礼拜。他经常需要照料受伤的士兵，或者在枪林弹雨中劝慰奄奄一息的士兵，将他们带到基督的信仰和平安之中。有时，他干脆就在露天为士兵主持圣餐礼。面对四处恐怖的杀戮，托马斯心里不禁感到恶心。他妹夫清楚地记得在马拉维收到他的一封信，说自己目击了多么惨烈的肉搏战，以至于被试探放弃信靠慈爱的神。但是，基督的十字架远远胜过了毁灭性的枪林弹雨。他无数次抓住契机跟人谈论信仰。他频频发现，很多过去没有宗教信仰的人，在面对生命的脆弱和身边的危机时，能敞开心接受福音，愿意回应神慈爱和恩典的话语。回归后的托马斯虽然深受战争的影响，但是道成肉身的教义和十架神学深深地烙在了他思想的中心。

令人庆幸的是，大卫并没有应征到欧洲和远东前线打仗。不过，雅各目睹了纳粹德国空军对英格兰的轰炸和造成的破坏。1955 年，大卫被苏格兰教会按立为牧师。在 36 年内牧养过三个教会，直到 1991 年退休。这三个教区分别是西洛林（West Lothian）的利文斯顿（Livingston），阿伯丁的夏山（Summerhill）和英格兰与苏格兰交界处的厄尔斯顿（Earlston）。他在每个教区都开展了杰出的、合乎圣经的事工，受到会众的爱戴。很多人的生命得到改变，很多人都深深感激他的教导和所做的一切。每次离职，各教会的会众都会想念作为属灵长辈、朋友和顾问的大卫。

有一天，大卫站在爱丁堡的教堂办公室外人行道上，突然听到一个声音："你是圣人吗"？站在他面前的是一个印度人。因为这印度人的表情如此严肃，他强忍笑声，答道："我正朝着这个方向努力。"这个印度人开始讲述他的故事。他在印度一个有着严格传统的印度教中长大。他来苏格兰学习工程专业，在大学期间信了主。在起初和稍后一段时间里，他满心喜乐，然而最近欢乐却烟消云散。"这是怎么了？"他询问道。大卫对他说，只有主才知道。不过，大卫说给他提了几个建议。这可能是因为缺少祷告，忽略读圣经或者没有继续参加团契，亦或是其它原因等，比如没有原谅曾伤害过他的人。"对了！""太对了！"他激动地打断了大卫的话。当被问到他指的是什么时，他说，有人曾经伤害过他，而他没有原谅那人。大卫对那人说，不能原谅别人成为他和神关系的障碍，原有的喜乐当然就消失了。只有我们乐意并准备饶恕那些可能伤害过我们的人，神才会饶恕我们。但是，饶恕他人并非易事，我们需要祈求神的恩典才能饶恕他人。大卫问那人能做到吗？那位印度人同意了。

随后，他们站在人行道上做了祷告，肯求神帮助他，赐他恩典宽恕他的朋友。几天后大卫收到了一封感人肺腑的信。信中说，那人离开后找到了他的朋友，饶恕了他。结果，主的一切喜乐都回来了。大卫另外所关注的是，有份于圣灵带领的教会复兴运动，参与医治的事工以及神对以色列的计划。他坚信，我们必须像保罗一样，先把福音传给犹太人。犹太人归主会极大地推动普世宣教事工，这乃是神的计划。他一直都是许多教会的委员，为基督教组织、社团和会议做出了许多贡献。他已经发表了许多文章，有些论文也收集在他编辑的书里。对于大卫而言，一个最重要的事工就是同兄长托马斯一起组织把加尔文的十二卷新约圣经注释从拉丁文翻译成英文。大卫编辑了《神，家庭和性》（God, Family and Sexuality）和《犹太人对神的见证》（The Witness of the Jews to God）两本书，其中收入了他的文章。他一直与"弥赛亚犹太人"（Messianic Jews）保持联系并鼓励他们。这些人相信耶稣就是弥赛亚。现在他们有很多聚会所，特别是在以色列和美国。他写了一本小册子题目叫《基督徒和犹太人的使命》（The Mission of Christians and Jews）。大卫还与拉蒙特（A. F. Lamont）合著了《反犹太主义及基督徒的责任》（Anti-Semitism and Christian Responsibility）。

　　大卫提到自己特别从母亲身上学到的东西，尤其是在 4 至 11 岁期间所学的。那时父亲独自一人在中国完成最后一期的服侍，而全家人都在爱丁堡。确实，所有孩子都特别感激母亲。托马斯曾经说过，她是这个家庭的神学家。他们不但继承了母亲对圣经的喜爱，而且掌握了她对神话语的理解以及它对他们自己和世界的意义。她为他们打下了神学基础，日后也成了他们自己神学和热爱福音的根基，并将之传承给下一代。在这前后，父亲对他们影响也甚大，一部分是来自他每周的家信。他的事工自始至终向人表明他是多么喜爱神的话语。但是，他的孩子也通过他在家里谈论神的话语而了解到这一点。父亲曾经能用英语和汉语背诵整卷《诗篇》和新约大部分内容。

毫无疑问，他们的父母彼此有深厚的信赖和理解。他们共同提供了一个良好的家庭和以基督教信仰养育子女的环境。这些给全家留下了深刻印象。如果说托伦斯三兄弟继承了这种完全的奉献，他们仍然需要将之化为己有，根据所处的时代深思熟虑并予以传承。因为年长十岁，托马斯自然成为先锋，在教父神学、宗教改革和基督教历史方面装备自己，而且将基督教信仰的本质、道成肉身、赎罪和复活与现代思潮联系起来，特别是在自然科学领域。正是在这个领域，托马斯做了影响深远的贡献，向科学家指明了神学的重要性，向教会指出了科学的相关性。凭借他的知识面和洞见，他经常直截了当地抓住问题的实质，明确表达自己的观点和立场。正像《约伯记》中那匹马能在远处闻到战场的火药味一样，托马斯通常是第一个冲进神学前线的人！他准确地陈述自己所观察到到事物。尽管不是有意伤害人，他的坦率还是不免让一些人受伤。尽管无意，有人还是会把学术论战视为个人攻击。然而，正如斯图亚特（J. S. Stewart）所说，激烈争论的背后是孩童般的信仰。托马斯的神学是在祷告中形成的。和弟弟雅各一样，他在神学院的每堂课都以简短的祷告开始。每个祷告都是对课堂内容的完美概括。他的两本讲道集包含了他最好的一些作品，他的神学思想在其中以简洁的语言被呈现出来。托马斯对学术界做出了卓越的贡献，其影响很可能会与日俱增。迄今为止，学习托马斯神学的海外人较国内多（译者注：这里的"国内"指英国本土）。但我们希望，在尝试理解托马斯思想中较难的概念时，人们需要记住一点：不要将这些概念和祷告的心灵割裂。

如果说托马斯是开路先锋，那么雅各则是一位整合者。后者与托马斯的神学紧密相合，但添加了许多自己的洞见。这些见解集中在他感觉教会自身所领悟的最重要领域、回归到神无条件爱之本质的需要、耶稣的人性在救恩中的作用、以及基督持续的祭司职分和代求。如果说托马斯对神学有全面的建树，雅各则专注于教导牧师和坚固平信徒的信仰。他的整体神学进路是平和的，试图赢得众人。同时他心里很清楚，纷争会离间他们。但是，通过耐心阐释恩典的无条件本性，便可达成共识。同托马斯一样，雅各也常常与人争论。如果他认为涉及到根本问题，他一定不会妥协让步。正如与他人讨论时一样，他在讲道时力图反映神无条件之爱的本性。在这方面，他的影响极其深远，不但在苏格兰，而且在海外讲学所到之处也是如此。令人沮丧的是，他著述不多。

大卫自己也是神学家，本来在神学学术方面发展也是很容易的。只是他领受了牧会的呼召，对传福音有特别负担。大卫与兄长持相同的神学立场，同时也将圣经知识应用到听道的人身上。通过日常的教牧探访和福音事工，藉着生活、工作、婚姻、病痛、丧亲的时机，他影响了各行各业的普通人群和教会外面的人。他也得到广泛的赞赏。当涉及到为某一真理辩护或为他自己所持守的观点争辩时，他便显露出如狼的本性。一旦抓住漏洞，他绝对不会轻易松手。正是凭借这种坚韧不拔的精神，通过耐心聆听不辅导，他帮助很多人解开了心结，为"人们进天堂"做好了预备。

本章的宗旨是通过描述隐藏在这三兄弟神学背后的其人其事，尝试评估他们的影响。本章选择的轶事很好地说明了他们各自的性格。他们的妹夫曾经说过："他们三人各自迥异、极其丰富的人生偶尔会令人无所适从。不过，我都一直很享受他们的友谊和思想挑战，尽管有时候完全超出我的能力。"

托伦斯三兄弟得到了广泛赞誉。再次声明，也许他们在海外比在家乡苏格兰名气更大。对有些人而言，他们的神学意味着自己的所有；但是同时也遭到了另外一些人的批判。究竟是因为他们的神学系统太具挑战性，还是世俗的浪潮太猛烈？抑或他们没有完美地表达自己的思想？无论导致争议的原因是什么，是否对错，我们期望将它们视为个人不同的神学见解，并视其为人为的。对于他们每个人而言，神学都是源于他们单纯的信仰。尽管他们的神学带有浓厚的思辨色彩，但是永远不能和信仰割裂，反而要从信仰层面去理解他们的神学。他们都以各自不同的方式努力去成为三一神的仆人，将他们所继承的福音努力传给下一代。他们的激情源于福音的核心——"我们爱，因为神先爱我们"。